Fundamentos da Responsabilidade Civil
PELO FATO DO PRODUTO E DO SERVIÇO

Um debate jurídico-filosófico entre o
formalismo e o funcionalismo no Direito Privado

D773f   Dresch, Rafael de Freitas Valle
Fundamentos da responsabilidade civil: pelo fato do produto e do serviço: um debate jurídico-filosófico entre o formalismo e o funcionalismo no Direito Privado / Rafael de Freitas Valle Dresch. – Porto Alegre: Livraria do Advogado Editora, 2009.
143 p.; 23 cm.
ISBN 978-85-7348-653-7

1. Responsabilidade civil. 2. Fornecedor: Responsabilidade civil. 3. Proteção e defesa do consumidor. I. Título.

CDU – 347.51

Índices para catálogo sistemático:
Responsabilidade civil   347.51
Fornecedor: Responsabilidade civil   347.51
Proteção e defesa do consumidor 347.451.031

(Bibliotecária responsável: Marta Roberto, CRB-10/652)

Rafael de Freitas Valle Dresch

Fundamentos da Responsabilidade Civil
PELO FATO DO PRODUTO E DO SERVIÇO

Um debate jurídico-filosófico entre o
formalismo e o funcionalismo no Direito Privado

livraria
DO ADVOGADO
editora

Porto Alegre, 2009

© Rafael de Freitas Valle Dresch, 2009

Capa, projeto gráfico e diagramação
Livraria do Advogado Editora

Revisão
Rosane Marques Borba

Direitos desta edição reservados por
Livraria do Advogado Editora Ltda.
Rua Riachuelo, 1338
90010-273 Porto Alegre RS
Fone/fax: 0800-51-7522
editora@livrariadoadvogado.com.br
www.doadvogado.com.br

Impresso no Brasil / Printed in Brazil

Para Neiva, Renato,
Renata, Rodolfo
e Noeli, minhas bases.

Este trabalho teve participação direta ou indireta de muitas pessoas, principalmente, os meus amigos, alunos e colegas da Universidade Federal do Rio Grande do Sul e do Centro Universitário Feevale.

Agradeço, primeiramente, ao Professor Cláudio Michelon Júnior. Foram suas aulas de Filosofia do Direito Privado que originaram a inquietação referente ao tema estudado, e sua posterior orientação que me permitiu assumir a difícil tarefa de unir a filosofia e o direito privado. Talvez o caminho tenha sido demasiado longo e exigente, mas foi enfrentado com um guia seguro e competente.

O agradecimento deve ser estendido, ainda, a todos os demais professores que me ensinaram não só o Direito, mas também o ensino do Direito. Assim, com orgulho, cito os meus mestres Professor Carlos Klein Zanini, Professor Cézar Saldanha de Souza Júnior, Professora Cláudia Lima Marques, Professor Humberto Bergmann Ávila, Professor Luís Afonso Heck, Professor Luís Fernando Barzotto, Professor Luís Renato Ferreira da Silva e Professora Véra Maria Jacob de Fradera.

Agradeço, também, aos meus amigos e colegas que me incentivaram e acompanharam nessa etapa, especialmente ao Professor Ingo Wolfgang Sarlet, Professor Augusto Jaeger Junior, Professor Fabiano Koff Coulon, Professor Felipe Alice, Ricardo Borges Fortes de Oliveira e demais colegas da Silveiro Advogados. Também agradeço à pesquisadora Andreza Mainardi e aos parceiros de advocacia Afonso Motta, João Luciano Queiroz, Roberto Oliveira, Eduardo Junqueira e Paulo Junqueira. Devo, ainda, agradecimentos aos colaboradores da Secretaria do Programa de Pós-Graduação em Direito da Universidade Federal do Rio Grande do Sul.

Por fim, os agradecimentos especiais são dados àquelas pessoas essenciais na minha vida: meus pais, Neiva e Renato, meus irmãos, Renata e Rodolfo, e minha avó, Noeli.

Ulpianus libro primo institutionum
Iuri operam daturum pirus nosse oportet, unde nomen iuris descendat. Est autem a iustitia appellatum: nam, ut eleganter Celsus definit, ius est ars boni e aequi.

É preciso que aquele que há de se dedicar ao direito primeiramente saiba de onde descende o nome "direito" (*ius*). Vem, pois, de "justiça" chamado. De fato, como Celso elegantemente define, direito é a arte do bom e do justo.

Digesto (D.1.1.1pr.)

Prefácio

Quando comecei o curso de direito no final da década de oitenta, eu fui apresentado de modo um tanto rápido e pouco reflexivo à diferença entre o direito público e o direito privado. A diferença, eu lembro, era pouco clara, e os critérios apresentados para distinguir entre um e outro lado do que era pomposamente chamado de "summa divisio" do direito pareciam se sobrepor apenas parcialmente. Mais tarde aprendi que tanto os meus professores quanto os livros que consultei sobre o tema apenas compilavam critérios propostos no contexto de teorias diferentes e, frequentemente, contraditórias. Em meio a toda essa confusão, pouco me parecia claro sobre a distinção, mas eu cria poder me apegar a uma verdade que me parecia inegável: o direito público era um ramo do direito mais "filosófico" do que ao direito privado.

Minha conclusão era puramente indutiva: as minhas aulas e livros de teoria do Estado e Direito Constitucional me falavam (às vezes com competência e às vezes sem) de filósofos que eu reconhecia como Aristóteles, Hobbes, Montesquieu e Rousseau, enquanto minhas aulas e livros de direito civil me falavam de autores dos quais eu nunca tinha ouvido falar e que pareciam não ter qualquer importância fora dos confins do direito privado (Ennecerus, Planiol, Rippert). Minha compreensão dos fundamentais problemas filosóficos que se relacionam ao direito privado tiveram de esperar até que eu fosse apresentado à Canaris, Larenz, Weinrib, Waldron, Honoré, entre tantos outros. Nessa longa lista estão incluídos tanto os que procuram explicitamente um fundamento filosófico para o direito privado (ou para alguma parte do direito privado) quanto os autores que não buscam explicitamente tal fundamento, mas acabam por enfrentar questões filosoficamente centrais ao aplicar suas sutis mentes ao problema da compreensão de um instituto jurídico em particular (inclusive Ennecerus, Plainol e Rippert.

Seria conveniente culpar o subdesenvolvimento da reflexão sobre o direito no Brasil pela minha visão distorcida. Mas isso também seria injusto. A tendência a pensar que o direito privado não está tão relacionado com a filosofia quanto o direito público se verifica também fora do país. Quando tomei posse de meu cargo na Universidade de Edimburgo, alguns anos atrás, um dos professores de direito constitucional que eu não conhecia (e que hoje é um amigo), veio me bater à porta para dar boas vindas pois, afinal de contas, como eu era professor de teoria do direito, certamente teria um interesse todo especial em direito público. Que a situação não é apenas outra idiossincrasia das letras jurídicas nacionais (como há muitas), ficou claro para mim desde meu primeiro contato com alguns dos clássicos do direito privado nacional. Esses clássicos tratavam sim de problemas filosoficamente relevantes e de modo relativamente proficiente. Eu lembro ainda da minha surpresa ao descobrir um tratamento correto de Bentham na discussão de Teixeira de Freitas sobre os bens. Infelizmente, não se pode dizer que esse tratamento filosoficamente sofisticado de categorias dogmáticas do direito privado seja a regra.

Essa situação de relativo insulamento do direito privado em relação à filosofia começa a se modificar tanto no Brasil como em outros países ocidentais. É no contexto dessa luta pelo devido reconhecimento da necessidade de se indagar sobre os fundamentos últimos dos nossos conceitos e normas de direito privado que se insere o presente livro. E para que se compreenda a relevância e a qualidade do trabalho que o leitor tem nas mãos é necessário compreender que esse não é um projeto pejorativamente "teórico", mas um projeto em que a teoria se destina (como sempre deve se destinar) a entender a realidade do objeto estudado e, por meio dessa compreensão, a propor soluções doutrinárias para problemas que enfrenta o jurista na interpretação e aplicação do direito.

Rafael Dresch produziu um livro que combina duas características: a apresentação ao público brasileiro de um dos problemas centrais da atual teoria geral do direito privado (o debate entre formalismo e funcionalismo) e uma aplicação das conclusões sobre esse debate à dogmática da responsabilidade civil pelo fato do produto. Ao fazer isso, o autor produz uma apresentação inicial da justiça corretiva, conforme defendida por formalistas como Weinrib, estabelecendo as relações entre as diferentes formas de justiça particular (distributiva e corretiva). Após essa apresentação, segue-se uma excelente discussão da responsabilidade pelo fato do produto no Brasil, à luz da discussão inicial.

Nessa discussão, o autor defende, com base na análise da legislação à luz das teorias suscitadas na primeira parte do livro, a tese de que a regulação do defeito de produto no Código de Defesa do Consumidor não é um caso de verdadeira responsabilidade objetiva, na qual a noção de culpa não teria qualquer papel a cumprir. A tese do livro é de que, ao contrário, "a responsabilidade civil pelo fato do produto e do serviço no Código de Defesa do Consumidor é especial, fundada no defeito, o que, tecnicamente, determina a análise da culpa levíssima presumida". Rafael Dresch sabe que não se poderia tratar aqui da culpa tradicional do Código Civil, com sua referência ao padrão de cuidado do homem médio. Mais ainda, ele crê que a estrutura do Código do Consumidor não permite tratar do ônus probatório da culpa da mesma forma que ele seria tratado no direito civil em geral. Ele vê aqui uma responsabilidade que se funda em um grau mínimo de culpa e que, ainda por cima, é presumida Portanto, em muitos casos concretos, afirmar ou negar a importância do elemento culpa não faria qualquer diferença.

Isso, porém não deve nos distrair do fato de que a proposta interpretativa do presente livro acarreta importantes consequências dogmáticas e práticas. Em primeiro lugar, da interpretação aqui defendida, segue-se o fato de que é aberta ao fornecedor a possibilidade de provar, contra a presunção, que não agiu com qualquer grau de culpa, mesmo que levíssima. Isso significaria que uma defesa adicional estaria disponível a ao menos alguns fornecedores, em comparação com a tese contrária, de que a responsabilidade do fornecedor por fato do produto e serviço é estritamente objetiva.

Portanto, o debate levantado pelo autor sobre os fundamentos filosóficos do instituto da responsabilidade civil no direito civil e do consumidor tem uma direta conseqüência para decisões que podem afetar algumas centenas de milhares de pessoas no Brasil. Pode-se objetar que os fundamentos filosóficos propostos por Rafael Dresch não são os melhores; pode-se argumentar que deles não se seguem as conclusões apontadas pelo autor. Mas não é mais possível fugir do debate.

Por essas razões, o presente livro é leitura essencial tanto para quem não se contenta com uma explicação superficial sobre a responsabilidade civil pelo fato do produto, quanto para quem procura subsídios para interpretar as fontes do direito brasileiro aplicáveis à responsabilidade civil de modo coerente e dogmaticamente produtivo.

Rafael é um desses talentos que já surgem bem maduros, o que se reflete tanto na escolha dos temas e problemas de que trata, quanto em sua capacidade de construir argumentos para sustentar as teses que propõe, argumentos esses que ele põe em constante diálogo com a tradição investigativa na qual se insere o seu trabalho. Esse engajamento do autor torna a leitura do presente livro agradável, intrigante e esclarecedora. E venham me dizer que o direito privado não tem relação com a filosofia aqueles que já tiverem lido *Fundamentos da Responsabilidade Civil pelo Fato do Produto e do Serviço no Direito Brasileiro*!

Edimburgo, primavera de 2009.

Claudio Michelon

Sumário

Introdução 17

1. Premissas Aristotélicas e Kantianas 27
    1.1. A justiça aristotélica 28
        1.1.1. Os sentidos da justiça para Aristóteles 28
        1.1.2. A justiça geral e a justiça particular 39
        1.1.3. Justiça distributiva e justiça corretiva 42
    1.2. O direito kantiano 51
        1.2.1. As premissas da filosofia moral kantiana 52
        1.2.2. Os conceitos kantianos 56
        1.2.3. A doutrina do Direito 61

2. Qual concepção de direito privado fundamenta a responsabilidade pelo fato do produto ou do serviço? 67
    2.1. As concepções rivais sobre o direito privado contemporâneo 68
        2.1.1. O funcionalismo 68
        2.1.2. Principais críticas ao funcionalismo 74
        2.1.3. O formalismo jurídico 81
        2.1.3.1. A coerência 85
        2.1.3.2. A correlatividade 88
        2.1.3.3. A personalidade 93
    2.2. A estrutura da responsabilidade civil por acidentes decorrentes de produtos e serviços defeituosos 101
        2.2.1. Comutatividade ou distribuição? 102
        2.2.2. Os ditames normativos 110
        2.2.2.1. O Código de Defesa do Consumidor 110
        2.2.2.2. O Código Civil Brasileiro 126
        2.2.3. A manutenção da justiça comutativa 130
        2.2.3.1. A reparação integral 130

       2.2.3.2. A relação entre direito do consumidor e dever do fornecedor
             (segurança e informação) 132
       2.2.3.3. A personalidade preservada 133

Conclusão 135

Referências 139

Introdução

Qual o papel do direito privado na sociedade atual? É um instrumento para obtenção de fins? Que fins são esses? Políticos, econômicos ou sociais? Ou seus fins são internos? Qual o papel da justiça no estudo do direito privado? Qual o objetivo principal da responsabilidade civil? Distribuir riscos ou determinar a reparação de danos? O presente trabalho se propõe a debater essas cruciais questões tendo por norte o conflito atual entre duas teorias rivais e, principalmente, a controvérsia referente aos fundamentos da responsabilidade pelo fato do produto e do serviço no direito civil e no direito do consumidor.

Hodiernamente, estão em voga duas concepções[1] conflitantes a respeito do direito privado. A primeira, denominada de formalismo,[2] entende o referido direito privado como algo que possa ser

---

[1] Quanto à diferença entre concepção e conceito ver HART, Herbert. *O conceito de direito*. Tradução A. Ribeiro Mendes. 3.ed. Lisboa: Calouste, 2001, p. 174; RAWLS, John. *Uma teoria da justiça*, Tradução Almiro Pisetta e Lenita M. R. Esteves. São Paulo: Martins Fontes, 1997, p. 6 e; BARZOTTO, Luis Fernando. *A democracia na constituição*. São Leopoldo: Editora Unisinos, 2003, p. 10: "*A distinção entre conceito e concepção difundiu-se na filosofia prática contemporânea por obra do filósofo norte-americano John Rawls... Cada concepção de justiça irá propor diferentes esquemas de direito e deveres e de pretensões legítimas dos membros da comunidade, mas toda concepção de justiça deverá acolher aquilo que é próprio do conceito de justiça, a saber, a recusa de distinções arbitrárias e a busca do equilíbrio entre as diferentes pretensões às vantagens da vida social*". Nesse sentido, ainda, DWORKIN, Ronald. *O império do direito*. Tradução Jefferson Luiz Camargo. São Paulo: Martins Fontes, 1999, p. 87: "*O contraste entre conceito e concepção é aqui um contraste entre níveis de abstração nos quais se pode estudar a interpretação da prática. No primeiro nível, o acordo tem por base idéias distintas que são incontestavelmente utilizadas em todas as interpretações; no segundo, a controvésia latente nessa abstração é identificada e assumida*".

[2] A palavra *formalismo* é a utilizada por WEINRIB, Ernest J. *The idea of private law*. Harvard Cambridge: University Press, 1995, p. 22: "*I want to elucidate the theory appropriate for understanding this internal dimension. The theory goes under the currently discredited name of legal formalism*". Convém esclarecer, desde já, que o que aqui se entende por formalismo – na

delimitado pela concepção de justiça corretiva aristotélica.[3] O direito privado teria sua racionalidade explicitada por uma *forma* apresentada por Aristóteles e desenvolvida por Kant.[4] Contudo, uma concepção rival, aqui denominada de funcionalismo,[5] apresenta o direito privado como um ramo do conhecimento em função de outros, ou seja, como um instrumento para obtenção de fins externos, principalmente, econômicos e sociais.[6]

Para apresentar o referido conflito de concepções, este estudo objetiva enfocar a teoria proposta no livro *The Idea of Private Law* de Ernest Weinrib, obra que pode ser considerada fonte maior do debate atual no contexto do direito anglo-saxão. Assim, ao enfrentar esta tarefa, pretende-se compreender as citadas teorias rivais e, com

---

mesma linha adotada por Weinrib (Ibidem, p. 27) – está vinculado à *forma* (causa formal) como compreendida no pensamento aristotélico-tomista. Assim, o formalismo jurídico busca compreender a *forma* do direito privado.

[3] O sentido de justiça corretiva apresentado por ARISTÓTELES. *Ética a Nicômaco*. Tradução, estudo bibliográfico e notas Edson Bini, Bauru, São Paulo, EDIPRO, 2002, livro V, 4: "*O que resta é a justiça corretiva, a qual está presente nas transações privadas, tanto voluntárias quanto involuntárias [...] Mas o justo nas transações privadas, embora seja o igual num certo sentido (e o injusto, o desigual), não é o igual de acordo com a proporção geométrica, mas de acordo com proporção aritmética, [...] a lei apenas considera a natureza do dano, tratando as partes como iguais, limitando-se a indagar se alguém praticou o dano e se o outro foi atingido*".

[4] A forma da justiça corretiva é desenvolvida por Kant através do conceito de direito exposto na sua obra A Metafísica dos Costumes: "*El concepto de derecho, en tanto que se refiere a una obligatión que lo corresponde (es decir, el concepto moral del mismo), afecta, en primer lugar, sólo la relación externa y ciertamenti práctica de una persona con otra, en tanto que sus acciones, como hechos, pueden influirse entre sí [...]*". (KANT, Immanuel. *La metafísica de los costumbres*: estudio preliminar de Adela Cortina Orts, Traducción y notas de Adela Cortina Orts y Jesus Conill Sancho. 3. ed. Madrid: Tecnos, 2002, p. 38).

[5] O termo "funcionalismo" é o empregado por WEINRIB, op. cit., p. 3: "*That one comprehends law through its goals – a notion we may call functionalism – is particularly well entrenched in America legal scholarship*". Também entre nós Cláudio Michelon em seu artigo Um ensaio sobre a autoridade da razão. (MICHELON JÚNIOR, Cláudio. Um ensaio sobre a autoridade da razão. *Revista da Faculdade de Direito da Universidade Federal do Rio Grande do Sul*, Porto Alegre, v. 21, mar. 2002, p. 102): "A concepção rival, chamemo-la, segundo WEINRIB, de concepção funcionalista, concebe todas as instituições do direito privado como sendo instrumentos para a persecussão de um objetivo socialmente desejável".

[6] Nesse sentido, importante é a análise de Richard W. Wright no artigo Right, Justice and Tort Law: "*There are two principal types of moral teories. The first 'corporate welfare' types identifies the good with the corporate or aggregate welfare of the community or society as a whole, while the second 'equal individual freedom' type identifies the good with the equal freedom of each individual in the community or society*". (WRIGHT, Richard W. Right, justice and tort law. In: *Philosophical Foundations of Tort Law*. Oxford: Oxford University, 2001, p. 161)

base nessa compreensão, enfrentar a polêmica dos fundamentos da responsabilidade pelo fato do produto e do serviço no direito brasileiro. Com efeito, esta análise tem por base o pensamento aristotélico e kantiano, mas não restrito à justiça corretiva, o que auxilia no diálogo com a teoria de Weinrib. Contudo, este trunfo de revigoramento de um pensamento milenar já tem sido desenvolvido por importantes pensadores.[7]

Por conseguinte, com a concepção formalista, será possível demonstrar o importante resgate do papel da justiça como fim imediato do direito privado, sendo os bens sociais fins mediatos.[8] O direito privado, nessa concepção, ao invés de estar direcionado a objetivos externos, socialmente desejáveis, de cunho, principalmente, econômico e social, impostos politicamente através de normas de conduta direcionadas aos indivíduos isolados, tem um objetivo definido que é manter a igualdade absoluta nas relações entre os privados através de um sistema de compensação de perdas e ganhos nos moldes delineados pela justiça corretiva. Assim, o direito privado é vislumbrado como mantenedor permanente da igualdade nas relações entre as pessoas. Na concepção formalista, aquilo que é ganho de forma antijurídica, em detrimento de outrem, deve ser restituído na mesma medida, nem mais, nem menos. Este é o fim do direito privado, ou seja, ser um sistema de manutenção do equilíbrio nas relações entre os privados.[9]

---

[7] Vide a análise do professor que orienta esta trabalho, Dr. Cláudio Fortunato Michelon Júnior, no seu artigo denominado *Um ensaio sobre a autoridade da razão no direito privado* (MICHELON JÚNIOR, *Um ensaio...*), no qual apresenta a dualidade teórica contemporânea e, ainda, a alternativa que ora intenciona-se elucidar através do debate com as demais teorias. No mesmo sentido os importantes estudos de James Gordley (GORDLEY, James. *Philosophical origins of modern contract*. Nova York: Claredon, 1991 e GORDLEY, James. Tort law in the Aristotelian tradition. In: *Philosofical fundations of tort law*. New York: Claredon, 2001).

[8] O entendimento de fins mediatos e imediatos está vinculado à *forma* – no sentido clássico – do direito privado. Os fins imediatos são características integrantes da estrutura essencial do direito privado, sendo os fins mediatos características acidentais deste fenômeno jurídico. Tal entendimento, entretanto, é parte de um dos fundamentos do presente estudo e, assim, será desenvolvido em item específico (item 2.1.3).

[9] *"Conseqüentemente, sendo o injusto aqui o desigual, o juiz se empenha em torná-lo igual, visto que quando alguém recebeu um golpe e outro o aplicou, ou alguém matou e o outro foi morto, a linha que representa o sofrer e o fazer no tocante à ação está dividida em partes desiguais, mas o juiz se empenha em torná-las iguais mediante a penalidade ou perda por ele impostas, retirando o ganho"*. (ARISTÓTELES, *Ética...*, livro V , 4)

Com efeito, o formalismo delimita de forma eficaz o direito privado. A prática, entretanto, apesar de, no passado, já ter se conformado a este sistema rígido de busca da manutenção da igualdade absoluta nas relações entre os privados, é diversa nos sistemas jurídicos contemporâneos, pois a simples constatação da realidade da aplicação dos institutos do direito privado pode demonstrar que, nas relações jusprivatistas, são, atualmente, introduzidos objetivos outros que não apenas a manutenção da igualdade absoluta entre os indivíduos[10] e do equilíbrio na divisão dos bens externos.[11] A industrialização, o consumo em massa, a economia de mercado, os negócios eletrônicos transformaram a sociedade de tal maneira que se chegou ao ponto em que, sobretudo nos Estados Unidos da América, a busca do equilíbrio entre ganhos e perdas é relegada a um segundo plano em favor de objetivos econômicos e sociais apresentados pela concepção funcionalista (liderada pela sua corrente mais conhecida: o utilitarismo).[12]

Com o intuito de resolver esse impasse, cumpre, ainda, destacar que, para evoluir no debate, será de suma importância a ideia de caso central e casos periféricos desenvolvida por Finnis.[13] É com essa compreensão que se demonstrará que, em certa medida, tan-

---

[10] Mister salientar que a perpectiva funcionalista pode ser adotada tanto na compreensão do direito privado como um todo, quanto de alguns institutos específicos do direito. Nesse sentido, a título de exemplificação, a propriedade e o contrato, que, na legislação brasileira, são tratados em perspectiva funcionalista (vide art. 5º da Constituição Federal e art. 421 do Código Civil Brasileiro de 2002).

[11] VILLEY, Michel. *Filosofia do direito:* definições e fins do direito – os meios do direito. Tradução Márcia Valéria Martinez de Aguiar. São Paulo: Martins Fontes, 2003, p. 66: "Precisemos: o direito visa à divisão de coisas exteriores (res exteriores dirá o comentário de São Tomás de Aquino)".

[12] Quanto ao utilitarismo, merece destaque a explanação de Tom Campbell: *"Los principios centrales del utilitarismo constituyen una poderosa combinación de dogmas empíricos y normativos, expuestos primero por los filósofos radicales del siglo XIX, particularmente Jeremy Bentham y – en una veta menos ortodoxa –, John Stuart Mill. Los filósofos radicales sostienen las tesis aparentemente contradictorias de que (1) como cuestión de hecho, todas las personas buscan maximizar sus propios placeres y minimizar sus dolores (tesis a veces llamada 'egoísmo psicológico'), y (2) como cuestión de valor, el acto moralmente correcto es aquel que maximiza los placeres y minimiza los dolores de todas aquelas personas afectadas por él (tesis a la que llamaré 'utilitarismo ético').* (CAMPBELL, Tom. *La justicia:* los principales debates contemporáneos. Tradução Silvina Álvarez. Barcelona: Gedisa, 2002, p. 132)

[13] FINNIS, John. *Ley natural e derechos naturales.* Tradução e estudo preliminar Cristóbal Orrego S. Buenos Aires: Abeledo-Perrot, 2000, p. 44-45: *"prefiero llamar caso(s) central(es) a los estados de cosas a que se refiere un concepto teórico según su significado focal ... en efecto, arroja luz*

to a doutrina formalista quanto a funcionalista apresentam acertos, mas equivocam-se na medida em que não reconhecem os acertos da outra teoria. Nesses termos, compreendendo o direito privado como um conhecimento não apenas de caráter ideal, mas também prático, adaptável a diversas realidades às quais incide, apresenta-se a possibilidade de evoluir do formalismo e do funcionalismo para uma síntese mais apurada.

A *arché*[14][15] que aqui se pretende comprovar é, por consequência, que o direito privado pode ser analisado com base na realidade na qual é empregado, ou seja, é possível encontrar um direito privado configurado nos termos ideais da concepção formalista, objetivando apenas o reequilíbrio nas relações entre sujeitos de direito em condições iniciais de igualdade (caso central), mas é igualmente possível – na prática – lidar com um direito privado em que são introduzidos elementos de distribuição ou socialização (sobretudo de direitos-privilégios) que objetivam atuar numa realidade em que os sujeitos de direito não são pensados em termos de relação, mas sim são tomados isoladamente, concedendo-lhes direitos e deveres desvinculados de deveres e diretos do *alter*. Tal vinculação à realidade, como será demonstrado, está unida a uma importante característica do pensamento de Aristóteles que foi negligenciada no estudo de Weinrib, qual seja: a *forma* (causa formal), no conhecimento prático, depende dos fins (causa final). Sem relacionar forma e fim, não

---

sobre su estudio pensarlos (casos periféricos) como versiones adulteradas de los casos centrales, o a veces como modos de aprovecharse de actitudes humanas formadas por referencia ao caso central".

[14] *"[...] essa concepção gradualmente enriquecida do objetivo final é uma concepção do que seria já ter completado a pesquisa. Dar a pesquisa o seu télos e ao tema da pesquisa sua explicação são uma única e mesma concepção. De modo que chegar a essa concepção envolveria ser capaz de dar uma explicação única e unificada do tema e, obviamente, da pesquisa desse tema. Chamemos a concepção que fornece essa explicação de arché: adequadamente especificada, tal como só pode ser no momento em que a pesquisa estiver substancialmente completa, será possível deduzir dela toda verdade relevante referente ao tema da pesquisa; e explicar as verdades inferiores significará, precisamente, especificar as relações dedutivas, causais e explicativas que as ligam à arché e que mostram que, dada a natureza da arché, não seriam diferentes do que são".* (MACINTYRE, Alasdair. Justiça de quem? Qual a racionalidade. 2.ed. São Paulo: Loyola, 2001, p. 92)

[15] *"Um dos requisitos para que qualquer investigação possa ser considerada uma investigação racional é que, ao início da análise o investigador tenha uma certa noção sobre o que será o resultado final da investigação. Toda a investigação racional supõe, portanto aquilo que Aristóteles chamaria de arché. A importância da arché decorre do fato de que ela dá o norte da investigação e estabelece um critério último para decidir qual das diversas teorias oferece a melhor explicação".* (MICHELON, Um ensaio sobre..., p. 101)

é possível compreender a essência das ações humanas, na qual se insere o estudo das relações jurídicas.[16]

O método empregado é o mesmo utilizado pela obra paradigmática de Weinrib. Um método dedutivo pelo qual, no primeiro capítulo, será apresentado o pensamento fundamental de Aristóteles sobre a razão prática e a justiça e o pensamento de Kant sobre a razão prática e o Direito. Em seguida, na primeira parte do segundo capítulo, o enfoque é direcionado à teoria funcionalista, que entende o direito privado como meio para obtenção de fins externos, e à teoria formalista, que, através da *forma* do pensamento clássico, defende a existência de um conjunto de características que dão coerência vinculada a um fim interno do direito privado. A segunda parte do segundo capítulo do trabalho culmina com a análise específica da responsabilidade por acidentes causados por produtos e serviços.

O pensamento de Aristóteles é de suma importância para a verificação das premissas do formalismo e sua possível relação com o funcionalismo. Contudo, a fim de não correr o risco de tornar o estudo inviável, o fio condutor será a abordagem feita por Weinrib, que, em seu trabalho, aborda *en passant* a *forma* aristotélica, mas, principalmente, analisa a justiça denominada particular.[17]

Quanto ao pensamento kantiano, o que aqui se pretende, também nos moldes de Weinrib, é analisar a razão prática e, mais especificamente o Direito,[18] buscando estabelecer uma ligação com a justiça particular aristotélica e, consequentemente, desmonstrar de que maneira esses dois pensamentos nos fornecem as ferramentas necessárias para o estudo que será estabelecido no segundo capítulo a respeito das teorias funcionalista e formalista e sobre os funda-

---

[16] GORDLEY, *The philosophical...*, p. 21, bem ressalta a referida relação entre finalidade e forma lembrando Tomás de Aquino: "*According to Thomas, the essence of an action is defined by the end for which it is performed. In that respect, an action is like a man-made thing such as a couch or a house. Such things are defined by the ends for which they are made*".

[17] "[...] assim, também o injusto e a injustiça no sentido particular não são o mesmo que o injusto e a injustiça no sentido universal, mas destes distintos, e a eles relacionados como a parte do todo, pois a injustiça nesse sentido é uma parte da injustiça universal e analogamente, a justiça que submetemos agora a exame é uma parte da justiça universal. A nós compete agora discutir a justiça e a injustiça, assim como o justo e o injusto no sentido particular". (ARISTÓTELES, *Ética...*, livro V, 2)

[18] "*Para tanto, el derecho es el conjunto de condiciones bajo las cuales el arbitrio de uno pude conciliarse con el arbitrio del otro según una ley universal de la libertad*". (KANT, *La metafísica...*, p. 39)

mentos da responsabilidade pelo fato do produto e do serviço no Código de Defesa do Consumidor e no Código Civil.

Como salientado, com fundamento nos conceitos trazidos pelo estudo do pensamento aristotélico e kantiano, o segundo capítulo inicia com a análise crítica do formalismo e, aproveitando os significativos acertos deste e os da teoria funcionalista por ele criticada, objetiva alcançar o meio-termo adequado na compreensão das teorias rivais de maneira a apresentar uma resposta à responsabilidade por acidentes nas relações de consumo.[19]

Destarte, a segunda parte do segundo capítulo terá por desfecho a confrontação das premissas apresentadas com a prática do direito privado hodierno, objetivando demonstrar que a ideia de direito privado de Weinrib e seu conflito com o funcionalismo, com alguns importantes ajustes decorrentes da inserção do pensamento teleológico aristotélico, podem fornecer uma compreensão completa do debate sobre os fundamentos da responsabilidade pelo fato do produto e do serviço e, sobretudo, as consequências práticas para o tema proposto.

A análise, portanto, objetiva seguir um caminho já iniciado, desviando desse no seu transcurso, pois o que aqui se pretende é analisar a dicotomia teórica apresentada, utilizando fundamentos já utilizados pela doutrina. Evidentemente, que não se trata de um estudo com o objetivo inatingível de esgotar a análise de todo o direito privado, em todos os seus aspectos e em todas as suas potencialidades. O debate está circunscrito, nos termos anteriormente mencionados, à dicotomia entre formalismo e funcionalismo e ao enfrentamento de um problema prático com base nessas teorias. Nesse compasso, tendo por base o pensamento aristotélico e kantiano, ao final, será obtida uma síntese fruto do correto entendimento da *forma* e do *fim* e dos casos centrais e periféricos no direito privado do início do século XXI, considerando a diversidade de realidades em que os diferentes sistemas de direito privado podem ser aplicados nas diversas sociedades, ou mesmo, nos diferentes tipos de relações jurídicas.

Destarte, com esta base, confrontando as teorias rivais no seu enfoque atual e, apresentando uma ideia de direito privado que

---

[19] A utilização da responsabilidade civil se mostra a mais adequada, uma vez que é utilizada na obra paradigmática desse estudo (WEINRIB, *The idea...*) e que a sua aplicação é diferenciada em cada um dos sistemas e microssistemas do direito privado brasileiro.

possa aproveitar e dar coerência ao que há de racional em ambas, apresentar uma solução ao problema dos fundamentos de responsabilidade civil pelo fato do produto e do serviço que terá por fonte o instrumental delimitado na explanação do debate objeto do trabalho.

Nesse aspecto, o presente contexto histórico e social do Brasil, no início do século XXI, com um recente Código de Defesa do Consumidor e um novo Código Civil,[20] apresenta-se extremamente propício para o objetivo deste estudo. Com efeito, a análise detalhada do Código de Defesa do Consumidor e do Código Civil de 2002 pode salientar a necessidade de uma compreensão específica da responsabilidade civil por acidentes de consumo, evitando-se um teorismo, por vezes desvinculado da realidade.

Nesse sentido, cabe analisar caso julgado pelo Superior Tribunal de Justiça[21] que trata de ação indenizatória por danos morais e materiais ajuizada por consumidor pleiteando reparação decorrente do incêndio de veículo adquirido junto à ré. O consumidor alegou que o evento danoso deu-se em razão de defeito de fabrica-

---

[20] Lei 10.406 de 10 de janeiro de 2002.

[21] O julgado do Superior Tribunal de Justiça em comento foi proferido no Recurso Especial n. 575.469/RJ, Rel. Ministro Jorge Scartezzini, julgado em 18 de novembro de 2004, que teve a seguinte ementa: "Civil. Processual Civil. Recurso especial. Direito do consumidor. Veículo com defeito. Responsabilidade do fornecedor. Indenização. Danos morais. Valor indenizatório. Redução do quantum. Precedentes desta corte. 1. Aplicável à hipótese a legislação consumeirista. O fato de o recorrido adquirir o veículo para uso comercial – taxi – não afasta a sua condição de hipossuficiente na relação com a empresa-recorrente, ensejando a aplicação das normas protetivas do CDC. 2. Verifica-se, *in casu*, que se trata de defeito relativo à falha na segurança, de caso em que o produto traz um vício intrínseco que potencializa um acidente de consumo, sujeitando-se o consumidor a um perigo iminente (defeito na mangueira de alimentação de combustível do veículo, propiciando vazamento causador do incêndio). Aplicação da regra do artigo 27 do CDC. 3. O Tribunal *a quo*, com base no conjunto fático-probatório trazido aos autos, entendeu que o defeito fora publicamente reconhecido pela recorrente, ao proceder ao "recall" com vistas à substituição da mangueira de alimentação do combustível. A pretendida reversão do *decisum* recorrido demanda reexame de provas analisadas nas instâncias ordinárias. Óbice da Súmula 07/STJ. 4. Esta Corte tem entendimento firmado no sentido de que "quanto ao dano moral, não há que se falar em prova, deve-se, sim, comprovar o fato que gerou a dor, o sofrimento, sentimentos íntimos que o ensejam. Provado o fato, impõe-se a condenação" (Cf. AGA. 356.447-RJ, DJ 11.06.01). 5. Consideradas as peculiaridades do caso em questão e os princípios de moderação e da razoabilidade, o valor fixado pelo Tribunal a *quo*, a titulo de danos morais, em 100 (cem) salários mínimos, mostra-se excessivo, não se limitando à compensação dos prejuízos advindos do evento danoso, pelo que se impõe a respectiva redução a quantia certa de R$ 5.000,00 (cinco mil reais). 6. Recurso conhecido parcialmente e, nesta parte, provido".

ção na mangueira de alimentação de combustível. Aduziu, ainda, que, devido ao acidente, perdeu seu meio de sustento, com consequências negativas na sua esfera moral. Por conseguinte, requereu indenização por danos morais, além de ressarcimento de todo o prejuízo a título de danos emergentes. Nesse sentido, cabe indagar: qual o elemento que fundamenta da responsabilidade da empresa fornecedora? A culpa da empresa, segundo uma análise subjetiva? O desenvolvimento de uma atividade de risco, segundo uma análise objetiva? Ou um elemento diferente dos anteriores – o defeito – próprio da sistemática da responsabilidade pelo fato do produto e do serviço?

Por conseguinte, considerando o novo contexto jurídico supracitado, resta plenamente justificada a pertinência e a importância do presente no estudo para o direito privado brasileiro, pois, ao analisar os fundamentos de responsabilidade do fornecedor pelo fato de produtos e serviços através do estudo das concepções rivais formalista e funcionalista, demonstrará que o direito privado tem por caso central uma forma própria e a busca de um fim interno e, por casos periféricos, a busca de objetivos externos mediante uma forma diferenciada, conforme a realidade social e o fim a que se destina. Diante dessa dupla possibilidade, será possível analisar os dispositivos do Código Civil e do Código de Defesa do Consumidor e verificar qual estrutura dá fundamentação à responsabilidade pelo fato do produto e do serviço no direito brasileiro.

1. Premissas Aristotélicas e Kantianas

O capítulo inicial tem como tarefa apresentar um esboço dos elementos que formam o conhecimento fundamental sobre as concepções formalista e funcionalista do direito privado e, mais do que isso, analisar as premissas das teorias conflitantes.

A teoria de Weinrib, como acima citado, entende o direito privado de uma perspectiva interna, demonstrando a *forma* (causa formal) do direito privado, centrada na justiça corretiva aristotélica e no direito kantiano. Nesses termos, o formalismo critica o funcionalismo, que, ao introduzir elementos finalísticos externos ao direito privado, acabaria desvirtuando sua *forma* e tornando incoerente este campo do conhecimento jurídico.

De tal sorte, antes das concepções rivais, que são analisadas no segundo capítulo, é de extremo relevo esmiuçar o conhecimento básico concernente à razão prática e à justiça aristotélica, mais especificamente à justiça particular, além do conhecimento da razão prática e do direito kantiano.

A primeira impressão pertinente ao título do presente capítulo pode ser de alguma surpresa, pois aproxima dois pensamentos tão diversos sobre a moral para fundamentar uma teoria do direito privado. Contudo, como será demonstrado, essas duas teorias guardam uma similitude essencial no aspecto mais importante da teoria formalista, qual seja, a análise do direito privado nos termos de uma estrutura de relação (causa formal),[22] relação entre dois su-

---

[22] Como salienta Michel Villey ao comentar o pensamento Aristotélico: *"Existe uma arte que se preocupa com a virtude subjetiva do indivíduo, ou a prescrever-lhe condutas, inclusive as condutas justas, as do homem justo (dikaios); podemos chamá-la de moral. Mas da moral se destaca uma outra disciplina, cuja finalidade é dizer o que é justo, o que pertence a cada um. Ciência não da dikaiosunê, do dikaios, da conduta justa, mas do dikaion. [...] O Dikaion é uma proporção (a que se mostra boa)*

jeitos de direito,²³ entre ganho e perda, entre direito e dever. Nesse aspecto, por conseguinte, restará plenamente justificada a utilização das premissas aristotélica e kantiana, mesmo considerando as diversidades existentes nesses dois pensamentos no âmbito da filosofia moral.²⁴

Ressaltando o porquê dessa vinculação, desde já, será iniciada a pesquisa respeitante à razão prática e à justiça aristotélica, no contexto da filosofia moral em que ela deve ser abordada, para, em seguida, trazer os ensinamentos jurídicos de Kant a fim de comprovar a referida ligação e a sua importância para o debate entre formalismo e funcionalismo e para o esclarecimento dos fundamentos da responsabilidade civil pelo fato do produto e do serviço.

1.1. A justiça aristotélica

1.1.1. Os sentidos da justiça para Aristóteles

Para a compreensão e, sobretudo, para uma possível avaliação do principal fundamento do formalismo jurídico, que é o sentido da justiça corretiva aristotélica, faz-se necessário o entendimento desse sentido da justiça não só em relação e comparação com a outra es-

---

entre coisas divididas entre pessoas... Pode-se dizer também que o direito consiste numa igualdade, num igual (ison)". (VILLEY, *Filosofia...*, p. 72/73)

²³ Nesse sentido, Kant: *"Por tanto, el derecho es el conjunto de condiciones bajo las cuales el arbitrio de uno puede conciliarse con el arbitrio del outro según una ley universal de la libertad"*. (KANT, *La metafísica...*, p. 39)

²⁴ A relação entre o aristotelismo e o direito moderno é bem ensinada por James Gordley, The moral foundations of private law: *"I will be drawing on the work of a school of jurists who wrote in the sixteenth and seventeeth centuries called by historians the 'Late Scholastics.' I will begin by saying a bit about them. Few people today are familiar even with the names of the leaders of this group: for example, Domingo de Soto (1494-1560), Luis de Molina (1535-1600), and Leonard Lessius (1554-1623). Yet, as I have described elsewhere, they were the first to give private law a theory and a sistematic doctrinal structure. Before they wrote the Roman law in force in much of Europe had neither. For all their subtlety, neither the Romans nor the medieval professors of Roman law were theorists. In contrast, the Late Scholastics tried to explain Roman law by philosophical principles drawn from their intellectual heroes, Thomas Aquinas and Aristotle. Their work deeply influenced the seventeenth-century founders of the northern natural law school, Hugo Grotius (1583-1645) and Samuel Pufendorf (1632-94), who adopted many of their conclusions and disseminated then through northern Europe, paradoxically, at the very time that Aristotelian and Thomistic philosophy was falling out of fashion".*

pécie de justiça particular, a distributiva. É necessário que se parta de um contexto mais amplo, qual seja, o contexto do conhecimento prático, mais especificamente, a relação entre a política, a ética, a justiça e o direito.

Nesse contexto, é importante sinalar que, no pensamento aristotélico, ao lado do saber teorético, existe o saber prático. A ciência prática se dedica efetivamente à conduta dos seres humanos, podendo focar o ser humano individualmente ou como membro de uma comunidade.[25] A ciência prática referida é a política,[26] [27] que se subdivide em ética (conhecimento do agir do ser humano como indívíduo) e a política propriamente dita (conhecimento do agir do ser humano como membro de uma comunidade política).[28] Cumpre destacar, nesse ponto, a diferença do pensamento de Aristóteles em relação ao de Platão, que entendia a política como uma ciência puramente teorética, preocupada com valores absolutos. Aristóteles, segundo Werner Jaeger, consegue com a política unir o pensamento teorético, herdado da Academia,[29] com o pensamento prático, comprovando a sua genialidade.[30] Tal genialidade de Aristóteles é

---

[25] Ver REALE, Giovanni. *Introdução à Aristóteles*. Tradução Artur Morão. Lisboa: Edições 70, 1997, p. 83.

[26] *"Seria, assim, de se concordar ter que ser ele o objeto da ciência, entre todas, a de maior autoridade – uma ciência que fosse, preeminentemente, a ciência maior. E parece ser esta a ciência política, posto que é ela que determina quais ciências devem existir nos Estados e quais ramos do conhecimento cada diferente classe de cidadão deve aprender e até que ponto; e observamos que as mais altamente consideradas das capacidade, tais como a estratégia, a economia doméstica, a oratória se acham subordinadas à ciência política".* (ARISTÓTELES, *Ética*..., p. 40)

[27] *"Para os gregos, toda a esfera da vida pública é, num certo sentido, política, e a esfera privada é muito mais estreita do que para nós: nem a 'moral', nem a religião, nem a educação das crianças, por exemplo, estão fora do campo da política".* (WOLFF, Francis. *Aristóteles e a Política*. Tradução Tereza Christina Ferreira Stummer e Lygia Araujo Watanabe. 2. ed. São Paulo: Discurso Editorial, 2001, p. 10)

[28] *"[...] uma comparação entre diferentes textos da Política e principalmente da Ética a Nicômaco permite estabelecer que uma comunidade é um agrupamento de homens unidos por uma finalidade comum, e portanto ligados por uma relação afetiva chamada amizade e segundo relações de justiça".* (WOLFF, *Aristóteles*..., p. 40)

[29] Instituição de ensino localizada em Atenas, fundada por Platão, na qual Aristóteles estudou como discípulo por cerca de 20 anos, recebendo grande influência do seu mestre. Vide nesse sentido o estudo de Werner Jaeger, Aristóteles. (JAEGER, Werner. *Aristóteles*. México, D.F.: Fondo de Cultura Económica, 2001)

[30] *"La parte utópica de su Política no es, sin embargo, su verdadera fuerza, aunque el estado ideal proporciona el marco dentro del cual se detalla la organización externa de la estructura entera. El rasgo verdaderamente original y característico de la obra es la forma en que recoge el concepto de un*

o ponto central do presente trabalho, ou seja, a união entre o saber teorético e o saber prático no âmbito do direito privado, entre a ideia e a realidade.

Nesse sentido, é mister destacar que o conhecimento teórico, no pensamento aristotélico, facilita ao ser humano o juízo quanto a sua prática, mas não necessariamente acarreta a virtude, pois esta depende da ação, ou seja, da própria prática.[31] As virtudes, como conhecimento, são apenas potenciais e, portanto, não são completas enquanto não se transformem em ato, através da conduta ativa do ser humano. Contudo, também o simples agir virtuoso, sem o conhecer das causas, não é suficiente, pois desvinculado da razão.[32]

O conhecimento prático, segundo Aristóteles, deve ser compreendido de maneira teleológica, ou seja, todo o conhecimento parte do conhecimento dos fins a que tende a conduta humana. O primeiro parágrafo da Ética a Nicômaco é claro nesse sentido:

> Considera-se que toda a arte e toda a investigação e igualmente todo o empreendimento e projeto previamente deliberado colimam algum bem, pelo que se tem dito com razão ser o bem a finalidade de todas as coisas. (Verdade é que se observa uma certa diversidade entre as finalidades colimadas pelas artes e ciências; em alguns casos a ação de praticar a arte é ela mesma a finalidade, enquanto em outros casos a finalidade é algum produto distinto da mera ação de praticar a arte, sendo que nas artes cujas finalidades são determinadas coisas distintas da prática das próprias artes, tais produtos são essencialmente superiores às ações ou atividades das quais resultam).[33]

---

estado ideal de Platón apoyándolo en una ancha base empírica que llega a ser una ciencia descriptiva de las constituciones, cuyo método desarrolla con profunda sagacidad". (JAEGER, Werner. *Aristóteles*. México, D.F.: Fondo de Cultura Económica, 2001. p. 304)

[31] Nesse aspecto, Gadamer assim explicita: *"Criticando el intelectualismo socrático-platónico en la cuestión del Bien, Aristóteles se convierte en el fundador de la Ética como disciplina independiente de la Metafísica. Mostrando que la Idea platónica de Bien es una generalidad vacía de sentido, le opone el bien del hombre, es decir, el bien con relación a la actividad humana. Esta crítica se realiza sobre la identificación de virtud y saber, de areté y logos, tal como había sido defendida por la ética socrático-platónica. Definiendo entonces el elemento fundamental del conocimiento ético del hombre por la Orexis, por el 'deseo' y por la organización de este deseo en una actitud cerrada – en una Hexis –, Aristóteles renueva la doctrina de sus maestros en una justa proporción. Indiquemos que, según la teoria de Aristóteles, son la repetición y el hábito los que se encuentran en la base de la Areté. Esto se puede ver en el significado de nombre de Ética".* (GADAMER, Hans-Georg. *El problema de la conciencia histórica*. Tradução Agustín Domingo Moratalla. 2. ed. Madrid: Tecnos, 2003, p. 81-82)

[32] BITTAR, Eduardo C.B. *A justiça em Aristóteles*. Rio de Janeiro: Forense Universitária, 2001, p. 72-73.

[33] ARISTÓTELES, *Ética...*, Livro I, 1.

Cumpre ressaltar, ainda, que, nessa mesma passagem, Aristóteles estabelece que estes bens, que servem de fins para as ações humanas, estão dispostos de maneira hierarquizada de modo que alguns conhecimentos (artes ou ciências) têm fins subordinados a outros fins de conhecimentos prioritários:

> Porém, visto que há múltiplos empreendimentos, artes e ciências, segue-se que suas finalidades são, igualmente, múltiplas. Por exemplo, a finalidade da medicina é a saúde; a da construção de navios, um navio; a da estratégia, a vitória; a da economia doméstica, a riqueza. Em casos nos quais várias dessas artes estão subordinadas a alguma capacidade única – tal como a confecção de rédeas e as demais artes relativas ao equipamento dos cavalos estão subordinadas à equitação, e esta e todo outro empreendimento bélico à estratégia e, de maneira análoga, outras artes se subordinam ainda a outras artes – em todos os casos digo que as finalidades das artes principais são mais desejáveis do que as finalidades das artes que se lhe são subordinadas, uma vez que estas últimas finalidades somente são visadas em função das primeiras. (Sendo indiferentes se as finalidades visadas das ações são as próprias atividades ou alguma outra coisa distinta destas, como no caso das ciências mencionadas).[34]

Nesse compasso, é importante situar os conteúdos relacionados ao presente trabalho nos termos da filosofia aristotélica. Para tanto, cumpre salientar que a ética é o ramo do conhecimento que busca indicar ao ser humano o bem último individual (a felicidade)[35] e o meio adequado – o agir virtuoso – para alcançar este fim.

Nesses termos, a ética é, para Aristóteles, um departamento da política, pois esta trata de um bem maior que é o bem da comunidade (chamado de bem comum ou soberano bem), já que o homem deve ser pensado como um ser político.[36] A política, sendo a arte de

---

[34] ARISTÓTELES, *Ética...*, Livro I, 1.

[35] *"[...] em conformidade com isso, chamamos absolutamente completa uma coisa sempre eleita como uma finalidade e nunca como um meio. Ora, a felicidade, acima de tudo o mais, parece ser absolutamente completa nesse sentido uma vez que sempre optamos por ela mesma e jamais como um meio para algo mais, enquanto a honra, o prazer, a inteligência e a virtude sob suas várias formas, embora optemos por elas por elas mesmas (visto que deveríamos estar contentes por possuirmos cada uma delas ainda que nenhuma vantagem externa delas decorresse), também optamos por elas pela felicidade na crença de que elas constituirão um meio de assegurarmos a felicidade. Mas niguém opta pela felicidade pela honra, pelo prazer, etc., nem tampouco como um meio para qualquer outra coisa que seja salvo ela mesma... A felicidade, portanto, uma vez tendo sido considerada alguma coisa final, (completa) e auto-suficiente, é a finalidade visada por todas as ações".* (ARISTÓTELES, *Ética...*, Livro I, 7)

[36] WOLFF, *Aristóteles...*, p. 95, bem destaca o homem como animal político: *"Um homem na cidade, isto é, solidário a outros sob o teto das leis comuns e obrigado pelas regras comunitárias é um homem completo, acabado, e, portanto, está no seu lugar na hierarquia dos seres, nem deus nem animal, mas o melhor dos animais, porque capaz da justiça. Um homem fora da cidade é pior que o pior*

perceber o bem da comunidade (ordem dos fins), tem um âmbito maior e, portanto, engloba a ética que busca o bem do indivíduo (animal político).[37] Sendo assim, a felicidade (fim individual) e o bem comum (fim da comunidade) são intrinsecamente dependentes, já que o bem comum é a soma dos bens individuais, pois, a comunidade é a soma dos indivíduos unidos por um fim comum, consoante já destacado, e não um ente a mais.

A constatação da ligação direta entre o bem do ser humano como indivíduo (felicidade) e na qualidade de membro comunitário (bem comum) é conclusão lógica do próprio pensamento político aristotélico, pois o ser humano necessita viver em comunidade, uma vez que só na comunidade principal (na *pólis*) ele pode satisfazer completamente as suas necessidades e desenvolver suas capacidades.[38] Por consequência, a realização do ser humano como indivíduo (felicidade) depende da sua participação na comunidade e do desenvolvimento desta comunidade, ou seja, da busca do bem da comunidade (bem comum).[39]

Deve ser ressaltado, no entanto, que um aspecto fundamental da relação entre o bem individual e o bem comum é o de que as atividades comuns não podem ser consideradas fins em si mesmas, mas apenas como meios para ajudar na realização dos fins indivi-

---

dos animais, pois ele é naturalmente dotado de disposições intelectuais que compensam as suas deficiências em meios físicos de autodefesa, dos quais os outros animais são naturalmente providos, e essas disposições constituem as armas mais temíveis, sem a educação para a justiça dada pelas leis da cidade. O homem animal político é o melhor dos animais e o homem a-político, o pior dos animais".

[37] Cabe reiterar os ensinamentos de Wolff: *"Que o homem seja um animal político é o que se deduz do fato de que a cidade é o fim do desenvolvimento natural e de que a cidade existe também naturalmente. Mas, reciprocamente, a natureza do homem, ser falante, mostra que ele é feito para a vida política e que a cidade é um ser natural".* (WOLFF, Aristóteles..., p. 92-93). No mesmo sentido: *"A idéia da politicidade por natureza se dá dentro da idéia de um desenvolvimento natural, gradual e progressivo das comunidades, da rusticidade e da barbárie, à civilização e ao alcance do verdadeiro locus, tudo para a concreção da eudaimonia humana. Seu modelo político, ainda que lidando sobre coisas humanas, percebe o homem míkros e não makrós, como participante de um universo e de uma ordem que lhe são continente".* (BITTAR, Eduardo C. B. *Curso de filosofia Aristotélica*. Barueri, São Paulo: Manole, 2003, p. 1.181)

[38] *"O Estado visa não só a suprir a necessidades básicas por meio do inter-relacionamento dos indivíduos, necessidades estas fundadas na impossibilidade individual de suprimento de todas as carências básicas do ser, como também a consentir o alcance de um modo de vida racional e virtuoso de todos os membros da associação política".* (BITTAR, *A justiça...*, p. 76)

[39] Para tanto, basta analisar a relação entre as necessidades humanas e os graus de comunidade trazidos por Aristóteles na Política. Nesse sentido, ver WOLFF, op. cit., p. 50-91.

duais, que somados constituem o bem comum. As atividades comuns não podem atingir diretamente o bem comum relegando o bem individual de qualquer ser humano, pois, quando assim ocorre, está prejudicando o bem comum caracterizado pelo todo. Por conseguinte, uma comunidade de indivíduos formada por André, Bernardo, Carlos e Diego, que tenha uma atividade comum que contribua para o bem da maioria (André, Bernardo e Carlos), mas que prejudique a minoria (Diego), não estará, com essa atividade, atingindo o bem comum (já que não busca o bem de todos) e, ainda, estará violando o bem individual de Diego. A referida atividade comum, nos termos da virtude da justiça, não é justificável,[40] pois, ao violar imediatamente o bem individual de um membro, estará violando o bem comum mediatamente.[41] As atividades comuns, assim, só contribuem para o bem comum na medida em que preservam os bens individuais de todos do grupo. A primazia para a busca do bem individual e do bem comum é da atividade individual[42] e, sub-

---

[40] Como será desenvolvido em ponto a seguir, a justiça é a virtude que tem por base a alteridade e, portanto, a não violação do bem do outro. Além da justiça, só a amizade vai se preocupar com o bem do outro, mas de forma mais completa, inclusive, pois centrada na *"afeição (boa vontade) recíproca, ou seja, queiram o bem um do outro; estejam cientes (reconheçam) da afeição um do outro e; a causa e o fundamento de sua afeição tem que ser uma das qualidades amáveis"*. (ARISTÓTELES, *Ética...*, Livro VIII, 2, p. 218)

[41] Nesses termos, do pensamento aristotélico se pode retirar a ideia de dignidade do ser humano, visto que a atividade comum não pode prejudicar um ser humano em favor do grupo, mais especificamente, não pode sacrificar o bem de um ser humano na busca do bem da maioria: o ser humano. Nesse sentido, Barzotto em Justiça Social: *"Esta igualdade básica, absoluta, é uma igualdade na dignidade. [...] a dignidade é o conceito fundante da experiência jurídico-política contemporânea. A "dignidade da pessoa humana" é o termo que expressa o princípio subjacente à justiça social: a pessoa humana é digna, merecedora de todos os bens necessários para realizar-se como ser concreto, individual, racional e social. Ora, elencar os direitos e deveres derivados da mera condição de pessoa é assumir uma determinada concepção do que é a vida boa, a vida plenamente realizada para o ser humano. A comunidade fundada sobre a dignidade da pessoa humana é aquela em que há um consenso sobre uma determinada concepção de vida boa. Todos consideram a todos como sujeitos merecedores dos bens que integram a vida boa, apenas em virtude da sua condição de pessoas humanas"*. (BARZOTTO, Luis Fernando. *Justiça social:* gênese, estrutura e aplicação de um conceito. Disponível em: <http://www.presidencia.gov.br/ccivil_03/revista/rev_48/artigos/art_luis.htm> Acesso em: 20 out. 2005)

[42] Não se está aqui a buscar uma posição sobre a essência do ser humano como ser liberto ou situado, nos termos do debate entre liberais (Ronald DWORKIN, John RAWLS, Thomas NAGEL, entre outros) e comunitários (Michael SANDEL, Alasdair MACINTYRE, Michael WALZER, entre outros). Sobre o referido debate ver: TAYLOR, Charles. Propósitos entrelaçados: o debate liberal-comunitário. In: *Argumentos filosóficos*. São Paulo: Loyola, 2000, p. 197-220.

sidiariamente, quando as necessidades humanas assim exigirem, das atividades comuns que preservem o bem individual de todos.[43] Nesse viés, numa relação disciplinada pela responsabilidade civil, por exemplo, a determinação da responsabilidade – que é comum, por envolver no mínimo dois seres humanos – só é justificável enquanto preservar os bens individuais dos participantes da relação imediatamente (fornecedor e consumidor, por exemplo) e o bem dos demais indivíduos da comunidade mediatamente (demais consumidores e, principalmente, demais cidadãos). Uma relação jurídica baseada na responsabilidade civil, nesse viés, tem que preservar imediatamente o bem dos dois participantes da relação (ofensor e ofendido) e só nesse sentido, mediatamente, poderá contribuir para o bem da comunidade[44] nos termos da filosofia aristotélica.

Cabe destacar que, segundo Aristóteles, os meios para alcançar tanto, imediatamente, o fim do ser humano como indivíduo (felicidade) quanto o fim do ser humano em comunidade (bem comum) são as virtudes. As virtudes, em geral, podem também ser fins, mas são precipuamente meios para atingir o fim último que

---

[43] No sentido da subsidiariedade da atividade comum, FINNIS assim preceitua: *"Es por tanto un aspecto fundamental de la justicia general que las empresas comunes sean consideradas, y conducidas en la práctica, no como fines en sí mismos, sino como medios de asistencia, como formas de ayudar a los individuos a 'ayudarse a sí mismos' o mas, precisamente, a conformar-se a sí mismos. Y en todos esos campos de actividad, incluyendo la actividade económica, donde los individuos, o las familias, u otros grupos relativamente pequeños, pueden ayudar-se a sí mismos mediante sus próprias iniciativas y esfuerzos privados sin dañar con ello (por un acto u omisión) el bien común, tienem en justicia derecho a que se les permita hacerlo, y es injusto exigirles que sacrifiquem su iniciativa privada requiriéndoles que, en lugar de ella, participen en una empresa pública; sigue siendo injusto aun cuando el dividendo material que reciban de la empresa pública sea tan grande como o incluso de cierto modo mayor que lo que habria sido el resultado material de sus proprios esfuerzos privados. El principio de subsidiariedad es un principio de justicia".* (FINNIS, Ley natural..., p. 198). Como demonstra MacIntyre, entretanto, ocorre que, a partir de um certo momento do pensamento filosófico (não muito bem delimitado), se perderam os ensinamentos do pensamento clássico teleológico.

[44] Quanto ao sentido de comunidade, adota-se a análise de Sandel: *"Dentro de esta perspectiva forte, afirmar que los miembros de una sociedad están limitados por um sentido de comunidad no equivale simplemente a declarar que una mayoría de ellos profesa sentimientos comunitarios y persigue objetivos comunitarios, sino que estos miembros conciben su identidad (el sujeto y no sólo el objeto de sus sentimientos y aspiraciones) como definida en cierta medida por la comunidad de la cual forman parte. Para ellos, la comunidad describe no sólo lo que tienen como conciudadanos, sino también lo que son; no una relacion que eligen (como en la asociación voluntaria) sino un lazo que descubren; no meramente un atributo sino un componente de su indetidad".* (SANDEL, Michel. El liberalismo e los límites de la justicia. Traducción María Luz Melon. Barcelona: Gedisa, Barcelona, 2000, p. 189)

é a felicidade para o ser humano[45] e o bem comum para a comunidade. Ao tratar das virtudes éticas,[46] Aristóteles demonstra que estas são caracterizadas como um meio-termo entre dois vícios (o meio-termo entre a deficiência e o excesso) como, por exemplo, a virtude da coragem é o meio-termo entre a covardia (deficiência) e a temeridade (excesso).[47]

Contudo, dentre as virtudes, existe uma especial que é a justiça. Especial porque ela é estabelecida com base na alteridade,[48] ou seja, a virtude da justiça só pode ser pensada numa relação entre os seres humanos,[49] pois está centrada na relação de um ser humano com o outro, e não na simples reflexão e ação pessoal.[50]

---

[45] *"[...] é, sim, o exercício ativo de nossas faculdades em conformidade com a virtude que produz a felicidade e as atividades opostas, o seu contrário".* (ARISTÓTELES, Ética..., livro I, 10)

[46] *"Eu me refiro à virtude moral, pois esta concerne às paixões e as ações nas quais se pode dispor de excesso e deficiência, ou da devida mediania".* (Ibidem, livro II, 6) Ou seja, a mediania não é aplicável às virtudes dianoéticas ou intelectuais.

[47] *"A virtude, portanto, é um estado mediano no sentido de que é ela apta a visar à mediania".* (Ibidem, livro II, 6).

[48] *"A mesma razão, isto é, o fato de implicar a relação com alguém mais, dá conta do parecer de que a justiça exclusivamente entre as virtudes é o 'bem alheio' porque ela concretiza o que constitui a vantagem do outro, seja este alguém que a detém uma autoridade, seja um parceiro".* (Ibidem, livro V, 1)

[49] Como Tomás de Aquino bem ressalta, a alteridade é a característica primeira da virtude da justiça: *"Lo primero de la justicia, dentro de las demás virtudes, es ordenar al hombre en las cosas que están en relación con el otro. Implica, en efecto, cierta igualdad, como su propio nombre manifiesta. Vulgarmente se dice que las cosas que se igualan se ajustan. Ahora bien: la igualdad se establece en relación a otro. Pero las demás virtudes perfeccionan al hombre solamente en aquellas cosas que le convienen a él mismo.*
Así, pues, aquello que es recto en las acciones de las demás virtudes, hacia lo que tiende la intención de la virtud, como a su propio objeto, no se determina sino por relación al agente. En cambio, lo recto que hay en el acto de la justicia, aun exceptuada la relación al agente, se distribuye por relación a otro sujeto; pues en nuestras acciones se llama justo a aquello que, según alguna igualdad, corresponde a otro, como la retribución del salario debido por un servicio prestado.
Por consiguiente, se llama justo a algo, es decir, con la nota de la rectitud de la justicia, al término de un acto de justicia, aun sin la consideración de cómo se hace por el agente. Pero en las otras virtudes no se define algo como recto a no ser considerado cómo se hace por el agente. Y, por eso, el objeto de la justicia, a diferencia de las demás virtudes, es el objeto específico que se llama lo justo. Ciertamente, esto es el derecho. Luego es manifiesto que el derecho es el objeto de la justicia". (AQUINO, Tomás de. Suma teológica, II – II. Disponível em: http://www.hjg.com.ar/sumat. Acesso em: 01 mar. 2005, Q. 57, a. 1)

[50] Nesse sentido, Finnis comenta: *"la justicia tiene que ver con las relaciones y tratos de cada uno con otras personas; es 'intersubjetiva' o interpersonal. Hay un problema de justicia e injusticia sólo donde hay una pluralidad de individuos y algún problema práctico acerca de lá situación y/o las interacciones de cada uno vis-à-vis respecto de otro".* (FINNIS, Ley natural..., p. 191)

Por conseguinte, considerando os seres humanos na qualidade de membros de uma comunidade, havendo algo em comum entre eles (busca do bem individual e do bem comum), apresenta-se um meio essencial que é a virtude da justiça. Com efeito, a justiça não é uma virtude como as outras, mas uma virtude da comunidade, eis que tem lugar na relação entre os seres humanos como membros da comunidade. De tal sorte, sendo um meio, é através da justiça que uma comunidade pode existir e buscar o seu fim.[51] É através da virtude da justiça, portanto, que se pode atingir o bem da comunidade (bem comum).

O conhecimento da justiça, nessa senda, tem por fim imediato a felicidade humana, como virtude ética, e mediato o bem comum como virtude política. A justiça está subordinada à ética e à política e, necessariamente, tem seu conhecimento polarizado pelo bem do ser humano como indivíduo (felicidade) e o bem do ser humano na qualidade de membro da comunidade (bem comum).

Ademais, pensada em termos de relação e preservação dos bens individuais, toda a justiça é igualdade, pois, sem igualdade, um dos bens individuais restará sacrificado, quer seja esta igualdade pensada num ou noutro sentido como será analisado em ponto abaixo (item 1.1.3). A igualdade configura o ponto nodal da justiça, pois a justiça é o meio-termo entre os seres humanos, não é o meio-termo entre a deficiência ou excesso da ação de um ser humano como as virtudes éticas em geral, mas sim o meio-termo entre um ser humano e outro.[52] Este meio-termo pode ser estabelecido com base em dois critérios: o da igualdade e o da legalidade.[53]

---

[51] Necessário, ainda destacar a importância da "amizade" para a *pólis* "na qual não se deve ver apenas uma relação afetiva, mas um sentimento de co-pertencimento a um 'nós' [...]". (WOLFF, *Aristóteles...*, p. 40-41)

[52] Nesse ponto, é importante destacar a crítica à justiça aristotélica trazida por Kelsen ao vincular a moralidade à normatividade: "*A quantificação do valor moral, o esquema tripartite de 'muito', 'médio', 'pouco', a pressuposição essencial de um método matemático-geométrico para determinar o bem é uma falácia. No domínio dos valores morais, não há quantidades mensuráveis como no domínio da realidade enquanto objeto da ciência natural. A ética lida só com qualidades – com as qualidades de bom e mau, certo e errado, justo e injusto, virtuoso ou vicioso, isto é, com a conformidade ou não conformidade a uma norma pressuposta como válida*". (KELSEN, Hans. *O que é justiça?* 3. ed. São Paulo: Martins Fontes, 2001, p. 117). Contudo, como será abordado no item 1.1.2, o pensamento aristotélico sobre a justiça, num dos sentidos analisados, vincula a ação ética à legalidade, sendo que é a lei (moral e jurídica) o critério de determinação da conduta ética.

[53] Mesmo no sentido de justiça em que critério legalidade é preponderante, a igualdade mantém a sua essencialidade, neste caso, igualdade como dignidades (vide item 1.1.2).

Como salientado, entretanto, a teoria da justiça de Aristóteles, segundo Barzotto,[54] busca o entendimento da justiça partindo do senso comum. Assim, a justiça (*dikaiosyne*) é a virtude que nos leva a desejar o que é justo (*dikaion*). Destarte, como na linguagem comum grega, *dikaion* significa tanto o legal (*nomimon*) como o igual (*ison*); a justiça está vinculada tanto ao critério de legalidade nos termos de Aristóteles (leis que percebem a ordem e estão focadas no bem comum) como no critério de igualdade nas relações entre os seres humanos.[55] Tal dicotomia demarca uma distinção entre dois sentidos de justiça: a geral (centrada no critério legalidade) e a particular (centrada no critério igualdade).[56]

Aristóteles, portanto, demonstra que a Justiça tem mais de um sentido, sendo cada sentido vinculado a um dos critérios que analisam o meio-termo entre os seres humanos – legalidade ou igualdade.

Nesta senda, é importante destacar os esclarecimentos de Jaeger, que demonstra que a palavra *dike*, termo primeiro a designar *justiça* na língua grega antiga, tem por significado fundamental dar a cada um o que lhe é devido. Significa tanto o processo, como a decisão e a pena.[57]

---

[54] Justiça social – Gênese, estrutura e aplicação de um conceito. Revista Virtual.

[55] *"O 'justo', portanto, significa aquilo que é legal e aquilo que é igual ou eqüitativo e o 'injusto' significa aquilo que é ilegal e aquilo que é desigual ou não eqüitativo".* (ARISTÓTELES, Ética..., livro V, 1)

[56] *"A primeira distinção que faz Aristóteles é lingüística, pois observa que o termo justiça é um termo homônimo, isto é, tem dois significados distintos, usados concomitantemente. A justiça é usada no sentido normativo (nóminos), que se relaciona com a aplicação no interior da comunidade política, e é empregada também no sentido de igual (ísos), que está restrito a ações, cujo objeto é a distribuição de bens, como cargos e prestígio".* (SILVEIRA, Denis Coitinho. *Os sentidos da justiça em Aristóteles.* Porto Alegre, EDIPUCRS, 2001, p. 68-69)

[57] *"Homero apresenta-nos o antigo estado de coisas. É um outro termo que designa, em geral, o direito: themis. Zeus dava aos reis homéricos 'cetro e themis'. Themis era o compêndio da grandeza cavalheiresca dos primeiros reis e nobres senhores. Etimologicamente significa 'lei'. Os cavaleiros dos tempos patriarcais julgavam de acordo com a lei proveniente de Zeus, cujas normas criavam livremente, segundo a tradição do direito consuetudinário e o seu próprio saber. O conceito de dike não é etimologicamente claro. Vem da linguagem processual e é tão velho quanto themis. Dizia-se das partes contenciosas que 'dão e recebem dike'. Assim, se compendiava numa palavra só a decisão e o cumprimento da pena. O culpado 'dá dike', o que equivale originariamente a uma indenização, ou uma compensação. O lesado, cujo direito é reconduzido pelo julgamento, recebe 'dike'. O juiz 'reparte dike'. Assim, o significado fundamental de dike equivale aproximadamente a dar a cada um o que lhe é devido. Significa, ao mesmo tempo, concretamente, o processo a decisão e a pena. Simplesmente, neste caso o significado intuitivo não é o original, como habitualmente, mas o derivado. O alto sentido que a palavra recebe na vida da pólis posterior aos tempos homéricos não se desenvolve a partir deste significado exterior, e sobretudo técnico, mas sim do elemento normativo que se encontra no fundo*

Por sua vez, Macintyre ressalta o significado de *dike* como sendo o julgamento numa disputa.[58]

Como salienta Macintyre,[59] na língua grega dos textos homéricos, a palavra *dike* é normalmente traduzida por *justiça*. Contudo, a partir da modernidade, essa tradução não é de todo correta, haja vista que o uso da palavra *dike* pressupunha uma ordem fundamental única do *cosmos*. Assim, a *dike* estava vinculada, no contexto homérico, à ordem política, e o julgamento que estabelecesse a *dike* só seria reto se adequado ao que a *themis* (o que é ordenado) exige.[60] É possível constatar, por conseguinte, que a justiça está vinculada, já no início da civilização grega, a um lugar-espaço de cada ser humano na comunidade, lugar-espaço esse determinado por uma ordem e ao julgamento em uma disputa segundo os termos dessa ordem. Tal lugar-espaço estava definido pela Lei, fruto da política (como arte de perceber o bem comum). A Lei está diretamente vinculada à ordem percebida ou criada pela atividade política.[61]

---

daquelas antigas formas jurídicas, conhecidas de todo mundo. Significa que há deveres para cada um e que cada um pode exigir, e, por isso, significa o próprio princípio que garante esta exigência e no qual se poderá apoiar quem foi prejudicado pela hybris – palavra cujo significado original corresponde à ação contrária ao direito. Enquanto themis refere-se principalmente à autoridade do direito, à sua legalidade e à sua validade, dike significa o cumprimento da justiça. Assim, se entende que a palavra dike tenha se convertido necessariamente em grito de combate de uma época em que se batia pela consecução do direito um classe que até então o recebera apenas como themis, quer dizer, como lei autoritária. O apelo à dike tornou-se de dia para dia mais freqüente, mais apaixonado e mais premente". (JAEGER, Werner. Paidéia: a formação do homem grego. Tradução Artur M. Parreira. 4. ed. São Paulo: Martins Fontes, 2001, p. 134-135)

[58] *"Dos usos da dike na Ilíada, todos se referem ou a um julgamento por um juiz numa disputa ou a uma reivindicação por um participante numa disputa".* (MACINTYRE, Justiça..., p. 25)

[59] *"Desde que os poemas homéricos foram pela primeira vez traduzidos, a palavra homérica dike tem sido traduzida por justiça. Mas as mudanças que ocorreram nas sociedades modernas, no que concerne ao modo como a justiça deve ser compreendida, tornaram esta tradução cada vez mais enganosa. Este não é de modo algum o único aspecto em relação ao qual os poemas homéricos se tornaram gradualmente menos traduzíveis, mas é um dos mais importantes. Pois o uso da palvra dike, tanto por Homero como por aqueles que retratava, pressupunha que o universo tinha uma única ordem fundamental, uma ordem que estruturava a natureza e a sociedade, de modo que a distinção que nós fazemos ao constratar o natural e o social não podia ainda ser expressa. Ser dikaios significa conduzir as próprias ações e negócios de acordo com essa ordem".* (MACINTYRE, Justiça..., p. 25)

[60] *"Uma dike particular é reta se está de acordo com aquilo que a themis exige; errada, se desvia disso. Themis é o que é ordenado, o que é estabelecido como a ordenação das coisas e das pessoas".* (MACINTYRE, Justiça..., p. 25)

[61] Há na Grécia duas percepções distintas concernentes à atividade política: uma, vinculada aos pensadores sofistas, entendia que o ser humano, através da política, criava a ordem;

1.1.2. A justiça geral e a justiça particular

Considerando o acima ressaltado, o primeiro sentido descrito por Aristóteles é o da justiça geral, definido com base no critério legalidade. Pode ser a legalidade comum (universal) ou particular (da *pólis*).[62] Pela política, busca-se perceber o fim da comunidade e, por ela, se estabelecem as leis dirigidas à conduta de cada ser humano, determinando o que cada um deverá fazer ou se abster, ou seja, as condutas do ser humano justo que contribuem para o bem comum. A justiça geral, também denominada universal, total e legal,[63] pode ser entendida como a virtude plena,[64] pois é através da lei que resta definida quais as condutas conformes à virtude em todos os aspectos da vida em comunidade. Nesse sentido, todo aquele que age consoante a Lei – equiparada às muralhas da *pólis* por Heráclito[65] – está respeitando o que é do próximo. Assim, ao garantir ao outro a respectiva parte no todo (o respectivo lugar-espaço), está contribuindo para o bem da comunidade.[66]

---

outra, ligada à tradição socrática-platônica-aristotélica, entendia que a atividade política percebia a referida ordem. Nesse sentido, ver JAEGER, *Paidéia*...

[62] *"Entendemos por cometer injustiça causar dano voluntariamente em violação da lei. Ora a lei ou é particular ou comum. Chamo particular à lei escrita pela qual se rege cada cidade; e comuns, às leis não escritas, sobre as quais parece haver uma acordo unânime entre todos"*. (ARISTÓTELES. *Retórica*. Tradução Manuel Alexandre Júnior. Lisboa: Imprensa Nacional – Casa da Moeda, 1998, p. 80)

[63] É Tomás de Aquino que passa a denominar este sentido da justiça como legal: *"Y así el acto de cualquier virtud puede pertenecer a la justicia, en cuanto que ésta ordena al hombre al bien común. Y en este sentido se llama a la justicia virtud general. Y puesto que a la ley pertenece ordenar al bien común, como antes se expresó (1-2 q.90 a.2), de ahí que se siga que tal justicia, denominada general en el sentido expresado, se llame justicia legal, es decir, porque por medio de ella el hombre concuerda con la ley que ordena los actos de todas las virtudes al bien"*. (AQUINO, *Suma Teológica*, II – II, q. 58, a. 5)

[64] É importante destacar que há uma diferença entre a virtude e a justiça, pois a justiça é a disposição da alma praticada especificamente em relação ao próximo, e a virtude é a disposição da alma irrestrita. Nesses termos: *"[...] a justiça é a virtude perfeita por ser ela a prática da virtude perfeita, além do que é perfeita num grau especial porque seu possuidor pode praticar sua virtude dirigindo-a aos outros e não apenas sozinho, pois há muitos que são capazes de praticar a virtude nos seus próprios assuntos privados, mas não são capazes de fazê-lo em suas relações com outrem [...]"*. (ARISTÓTELES, *Ética...*, livro V, ponto 1, p. 137)

[65] Heráclito, fragmento 44: "O povo deve lutar pela sua lei como pelas muralhas". (HERÁCLITO. Fragmento 44: In: BORNHEIM, Gerd A. (Org.) *Os filósofos pré-socráticos*. São Paulo: Cultrix, 2000, p. 38)

[66] *"E a lei prescreve uma certa conduta. A conduta de um homem corajoso, por exemplo, que consiste em não abandonar seu posto, não fugir, não jogar de lado suas armas; a conduta de um homem mod-*

A justiça geral, de tal sorte, é gênero, pois configura a justiça da maneira mais abrangente que se pode conceber, pois engloba toda a virtude somada.[67]

A palavra que melhor sintetiza o sentido geral de justiça surge, todavia, posteriormente na história grega. A palavra que reflete a justiça no sentido geral é *dikaiosyne*, que veio significar a soma das virtudes vinculadas a um específico tipo excelente de ser humano. A *dikaiosyne* é a virtude por excelência, sendo o critério de excelência a Lei.[68]

O agir do ser humano configura sua relação com os demais e, em assim sendo, ao agir de maneira virtuosa e evitar o agir de maneira viciada, o ser humano guarda o seu lugar-espaço na comunidade política e realiza a virtude da justiça de maneira plena.[69]

Todavia, é evidente que as leis tratam de uma variedade de assuntos, variedade esta que tem o tamanho do agir humano, podendo dispor desses assuntos – quando leis particulares (da *pólis*) –, corretamente ou não, dependendo de como foram elaboradas e no interesse de quem as foram.[70] Tal desvirtuamento na prática da jus-

---

erado, por exemplo não cometer adultério ou ultraje; aquela de um homem brando, por exemplo, não ferir, não dizer o mal das pessoas; e assim como as ações que servem de exemplo ao resto das virtudes e vícios, proibindo estes e ordenando aquelas – corretamente se a lei tiver sido corretamente (produzida e) promulgada, e não tanto assim se foi produzida a esmo". (ARISTÓTELES, Ética..., livro V, ponto 1, p. 137)

[67] Cumpre salientar que a justiça geral de Aristóteles é tratada por São Tomás pela expressão *justiça legal*, vinculando a definição com o critério correspondente, eis que as ações devidas à comunidade para atingir o bem comum restam configurados na lei.

[68] Como ensina JAEGER: *"Para esse efeito, a nova idade criou o termo Dikaiosyne, tal como na época do mais alto apreço pelas virtudes combativas se criaram substantivos correspondentes à destreza guerreira, à valentia nos combates pugilísticos, etc., termos ausentes nas línguas modernas. O novo termo proveio da progressiva intensificação do sentimento da justiça e da sua expressão num determinado tipo de homem, numa certa arete. Originariamente, os aretai eram tipos de excelências que se possuíam ou não. Nos tempos em que a arete de um homem equivalia à sua coragem, colocava-se no centro este elemento ético, e todas a outras excelências que um homem possuísse se subordinavam a ele e deviam por a seu serviço. A nova dikaiosyne era mais objetiva. Tornou-se a arete por excelência, desde o instante em que se julgou ter na lei escrita o critério infalível do justo e injusto. Pela fixação escrita do nomos, isto é, do direito consuetudinário válido para todas as situações, o conceito de justiça ganhou conteúdo palpável. Consiste na obediência às leis do Estado, como mais tarde a "virtude cristã" consistiria na obediência às ordens divinas".* (JAEGER, Paidéia..., p. 137-138)

[69] BITTAR, *A justiça...*, p. 90

[70] *"Proibindo estes e ordenando aquelas – corretamente se a lei tiver sido corretamente (produzida e) promulgada, e não tanto assim se foi produzida a esmo".* (ARISTÓTELES, Ética..., livro V, ponto 1, p. 137)

tiça não decorre de sua estrutura teórica, mas sim do agir humano que não se enquadra perfeitamente ao mundo das ideias.

Contudo, como ressalta Jaeger, a palavra *dike*, termo primeiro da justiça, como ressaltado, tem por origem um sentido mais amplo, que é o de igualdade, pois a igualdade seria sua fonte, à medida que, na concepção popular original de justiça, tem que pagar igual com igual, tem que restituir exatamente o que foi recebido e ressarcir o equivalente ao prejuízo que foi causado.[71]

Destarte, uma outra análise possível da justiça é feita com fundamento no critério igualdade. Nesse sentido, a justiça – o justo meio nas relações – é denominada particular por Aristóteles. Nela o fim imediato não é a virtude plena, mas sim a divisão justa com base na igualdade.[72] Igualdade, que pode ser definida, em termos aristotélicos, como o recebimento da mesma quantidade.[73]

---

[71] "*Mas esta palavra tinha ainda, em sua origem, uma acepção mais ampla, que a predestinava àquelas lutas: o sentido de igualdade. Desde o início, esse sentido devia estar contido nela, em germe. Para melhor compreendê-lo, é preciso ter presente a idéia popular original, segundo a qual se tem de pagar igual com igual, devolver exatamente o que se recebeu e dar compensação equivalente ao prejuízo causado. É evidente que esta intuição fundamental deriva da esfera dos direito reais, o que coincide com o que sabemos da história do direito em outros povos. Este matiz de igualdade na palavra dike mantém-se no pensamento grego através de todos os tempos. Depende dele a própria doutrina filosófica do Estado dos séculos seguintes [...]*". (JAEGER, Paidéia..., p. 136)

[72] Importante destacar o ensinamento de Barzotto citando Tomás De Aquino: "*A distinção entre justiça legal e justiça particular reside no sujeito a quem é devido o ato: 'A justiça [...] ordena o homem com relação a outrem, o que pode ter lugar de dois modos: primeiro, a outro considerado individualmente, e segundo, a outro em comum, isto é, na medida em que aquele que serve a uma comunidade serve a todos os homens que nela estão contidos'. A justiça que diz respeito àquilo que é devido 'a outro considerado individualmente' é a justiça particular; a justiça que diz respeito àquilo que é devido 'a outro em comum ou à comunidade é a justiça legal. Note-se o realismo de Tomás, ao mencionar 'o outro em comum': a comunidade não constitui um ente que paira acima dos seus membros. O beneficiário último do ato devido não é a 'comunidade', como ente autônomo, mas os seus membros. Os deveres da justiça legal não se referem, assim, em última instância, ao 'todo' social, mas a todos os membros da sociedade. Desta forma, ao passo que o objeto da justiça particular é o bem do particular, o objeto da justiça legal é o bem comum: 'A justiça legal [...] visa ao bem comum como objeto próprio', sendo o bem comum não o bem do todo, mas o bem de todos*". (AQUINO apud BARZOTTO, Justiça...)

[73] Nesse sentido, da igualdade como mesma quantidade cabe citar Aristóteles: "*Mas o que principalmente é próprio da quantidade é ser dita igual e não-igual. Pois cada uma das quantidades que referimos é dita igual e não-igual. Um corpo, por exemplo, é dito igual ou não-igual; um número é dito igual e não-igual; um tempo é dito igual e não-igual. E verifica-se o mesmo no caso das outras quantidades que referimos: cada um delas é dita igual e não-igual. Mas nenhuma das restantes coisas – das que não são quantidades – é de modo algum, ao que parece, dita igual ou não igual*". (ARISTÓTELES. Categorias. Tradução Ricardo Santos. Porto: Porto, 1995, 6B 26-32)

Cabe destacar, ademais, que a justiça particular – assim como a justiça geral, que esteve vinculada posteriormente na história grega à palavra *dikaiosyne* – está relacionada à palavra *dikaion*, pois está ligada à palavra *dike* (julgamento justo) e a *ison* (igualdade).[74]

Nesse diapasão, como ensina Tomás de Aquino, a justiça particular ordena o ser humano em relação ao outro ser humano particular de maneira imediata e, em relação ao outro como comunidade, de maneira mediata, inversamente ao que se opera na justiça geral.[75] A justiça particular, portanto, como virtude específica, tem o seu conhecimento vinculado ao bem do ser humano como indivíduo (felicidade) imediatamente, o bem do ser humano como comunidade (bem comum) mediatamente.

A justiça particular, por conseguinte, é focada na relação entre seres humanos individualizados, podendo ser de dois tipos, dependendo da forma de igualdade objetivada,[76] quais sejam: justiça distributiva e justiça corretiva.

1.1.3. Justiça distributiva e justiça corretiva

A justiça particular, como acima destacado, visando imediatamente à igualdade e, mediatamente a bens individuais e comunitários, está dividida em duas espécies de justiça em virtude da existência de duas maneiras de se atingir a igualdade, cerne desse sentido da justiça.

---

[74] Villey bem demonstra a vinculação da palavra *dikaion* com a justiça particular: *"Quanto ao substantivo Dikaion, devo concordar que teve na língua grega acepções diversas. Significou por vezes esta ordem total do cosmos, ou da cidade, que a justiça geral busca, como em Platão, na sua República, e por vezes mesmo em Aristóteles. Mas no final de sua pesquisa, no livro V das Éticas, este último definiu-a precisamente como a boa proporção dos bens exteriores divididos entre os habitantes da mesma cidade. O Dikaion só é concebido em seu sentido rigoroso no interior da justiça particular".* (VILLEY, *Filosofia...*, p. 74)

[75] Assim preceitua Tomás de Aquino: *"La justicia legal ordena suficientemente al hombre en aquellas cosas que se relacionan con otro: en cuanto al bien común, inmediatamente, y en cuanto al bien de una sola persona singular, mediatamente. Por eso es oportuno que haya una justicia particular que ordene inmediatamente al hombre hacia el bien de otra persona particular".* (AQUINO, *Suma Teológica*, II – II, q. 58, a. 7)

[76] As diversidade de formas de igualdade (aritmética e geométrica) estão relacionadas à diversidade de critérios de análise de uma relação entre seres humanos para determinar a quantidade de bens ou encargos que cabe a cada participante da relação, como será aprofundado no ponto seguinte.

É importante lembrar que este sentido da justiça, dita particular, é caracterizado pela busca da boa ação em relação ao outro como indivíduo imediatamente. Contudo, este objetivo da ação correta em face do outro pode se dar em dois tipos de operações, como bem salienta Tomás de Aquino:

> Como ya se ha dicho (q.58 a.7; cf. a.5), la justicia particular se ordena a una persona privada, que en relación con la comunidad es como la parte al todo. Ahora bien: cualquier parte puede ser considerada en una doble relación; una, en la de parte a parte, a la que corresponde el orden de una persona privada a otra, y este orden lo dirige la justicia conmutativa, que consiste en los cambios que mutuamente tienen lugar entre dos personas. La otra relación considerada es la del todo respecto a las partes; y a esta relación se asemeja el orden al que pertenece el aspecto de la comunidad en relación con cada una de las personas; este orden, ciertamente, lo dirige la justicia distributiva, que es la que distribuye proporcionalmente los bienes comunes. De ahí que sean dos las especies de justicia: la distributiva y la conmutativa.[77]

Há, por conseguinte, a análise da justiça particular que se dá nas distribuições de bens e encargos em uma comunidade e uma análise no âmbito das relações[78] que ocorrem entre os membros da comunidade.

Assim sendo, existe uma espécie de justiça, denominada justiça distributiva, que é exercida nas distribuições de bens ou encargos[79] entre os membros de uma comunidade. Nessa distribuição, há a que se atentar para uma qualidade dos participantes da distribuição, qualidade esta que serve como critério para determinar a quantidade de bens ou de encargos que cada participante recebe. Na justiça distributiva, há, por conseguinte, a busca de uma igualdade proporcional, pois a relação que existe entre os participantes

---

[77] AQUINO, *Suma Teológica*, II – II, q. 61, a. 1.

[78] Cabe salientar que Tomás de Aquino, diferentemente de Aristóteles, enfatiza o caráter comutativo das trocas, e não o caráter corretivo nas transações. Apesar da diferença, inclusive, na denominação utilizada por cada filósofo, deve-se salientar que ambos estão tratando do mesmo sentido de justiça, mas com enfoques distintos, pois enquanto Aristóteles centra sua análise na patologia – necessidade de correção nas transações –, Tomás de Aquino enfatiza a própria essência da transação – ou seja, a necessária relação entre prestação e contraprestação nas trocas.

[79] Como ensina TUGENDHAT: "Fala-se em uma justiça distributiva sempre que alguém tem de distribuir bens ou males entre várias pessoas, já, portanto, em uma família ou em uma empresa comum, sobretudo, porém, no Estado ou na comunidade dos Estados. Os bens podem ser especialmente, direitos, bens materiais ou poder". (TUGENDHAT, Ernest. *Lições de ética*. Petrópolis, Rio de Janeiro: Vozes, 1996, p. 397)

da distribuição é a mesma que deve existir entre os bens ou encargos distribuídos.

A justiça distributiva, nesse viés, é aquela que busca a repartição de bens ou encargos, definindo a quantidade que cabe a cada participante, com base nas características pessoais destes.

Na justiça distributiva, a igualdade almejada é a igualdade geométrica, como define Aristóteles. Uma igualdade geométrica é necessária diante da necessidade de distribuição de bens numa comunidade plural, formada por seres humanos com necessidades e méritos diferentes. Na distribuição de medicamentos para tratamento da AIDS, por exemplo, não se pode estabelecer uma divisão justa, repartindo a mesma quantidade para os portadores e os não portadores do vírus HIV. Há um critério de mérito ou necessidade, por conseguinte, que qualifica os seres humanos em função de uma realidade que os apresenta em situação desigual.

Com efeito, como salientado, a justiça distributiva tem lugar nos casos em que se faz necessária a distribuição de bens em uma comunidade de seres humanos. Distribuir, como salienta Walzer,[80] significa *"dar, repartir, trocar e assim por diante..."* e tem particular importância na atividade estatal hodierna, pois a distribuição de bens compete primordialmente ao Estado.[81]

Nesse sentido da justiça, portanto, encontra-se presente uma relação entre o público e o privado, pois o Estado, ao efetuar a distribuição dos bens, estabelecerá uma relação com os cidadãos caracterizada pela subordinação entre o ente que distribui ativamente e os que recebem passivamente. A repartição dos bens tem um sujeito ativo, que reparte e dá os bens sociais, e sujeitos passivos que recebem tais bens.

Neste compasso, a virtude da justiça particular se estabelece na distribuição realizada segundo uma forma de igualdade na relação bens e méritos. O justo, nesse sentido, é repartir de maneira igual, atribuindo a cada um o que lhe cabe segundo um critério de mérito; o injusto, por sua vez, é caracterizado pelo repartir desigual, não garantindo a cada um o que lhe cabe. Evidentemente, o que

---

[80] WALZER, Michael. *Esferas da justiça*: uma defesa do pluralisno e da igualdade. Tradução Jussara Simões. São Paulo: Martins Fontes, 2003, p. 5.

[81] O sentido de justiça é aqui apresentado enquanto modelo e não corresponde, necessariamente, à delimitação dado estritamente por Aristóteles em seus escritos. Nesse aspecto, basta mencionar a ausência do critério necessidade na análise aristotélica.

cabe a cada um depende, como salientado, dos critérios de mérito ou necessidade adotados na distribuição em cada comunidade contextualizada.[82] Contudo, ressalte-se, novamente, que essa estrutura ideal depende da atividade prática de definição de critérios de necessidade e mérito e, principalmente, da implementação eficaz desses critérios na realidade social.

Idealmente, soa como simplória a explanação, mas o problema não reside no que consiste a justiça na distribuição, pois Aristóteles já a explicitou, mas sim, qual o critério de mérito ou necessidade a ser utilizado numa distribuição específica de certo bem ou encargo numa certa comunidade. Como já salientado, a justiça, como virtude que é, só pode ocorrer na ação. Assim, só é possível analisar o justo e o injusto distributivo quando da necessidade prática de uma distribuição.

Para realizar uma distribuição, entretanto, é necessário determinar a quem dar, sendo que essa determinação tem que estar pautada pela igualdade. A igualdade ao repartir, entretanto, não pode abstrair as qualidades dos sujeitos passivos da distribuição e tratar a todos como seres dotados dos mesmos méritos e necessidades, pois, ao proceder de tal maneira, pode ocasionar a entrega de bens demasiados a quem não os merece ou não os necessita. Por conseguinte, para pensar uma distribuição com base no critério igualdade, numa comunidade pluralista, necessariamente, devem-se analisar as qualidades dos participantes da distribuição, sobretudo, analisar os méritos e as necessidades desses participantes em relação aos bens e encargos a serem distribuídos.

O justo meio aristotélico, é definido pela avaliação sobre méritos e necessidades, que irá refletir diretamente no modo de repartição. A avaliação dos méritos está, ainda, diretamente vinculada aos

---

[82] Novamente o pensamento aristotélico é alvo da crítica de Kelsen: "*A questão decisiva quanto à igualdade social é: quais diferenças são irrelevantes? Para essa questão, a fórmula matemática da justiça distributiva de Aristóteles não tem nenhuma resposta. Tampouco para questão essencial quanto aos direitos que o legislador deve conferir a cada indivíduo para ser justo. É justo conferir aos cidadãos o direito de propriedade privada? Ou é justo estabelecer o comunismo?*". (KELSEN, O que é..., p. 126). Contudo, é necessário destacar o ensinamento de Villey: "*A partir de Bodin, os modernos acreditaram poder extrair destes textos soluções de direito. Da 'justiça distributiva' deduziram uma doutrina aristocrática: os poderes públicos deveriam ser distribuídos proporcionalmente aos méritos, reservados aos grandes e aos nobres. Aristóteles nunca disse isso; deixa em aberto o problema da escolha do critério da distribuição [...]*". (VILLEY, Filosofia..., p. 79). Com efeito, Aristóteles apresenta uma forma que deve ser concretizada em cada sociedade segundo as suas características próprias.

bens e para que servem, segundo conceitos compartilhados pelo grupo no qual se realiza a distribuição.[83] Qualquer distribuição, portanto, depende de uma dupla avaliação: uma avaliação dos méritos ou necessidades dos sujeitos passivos da distribuição e uma avaliação da utilidade dos bens a serem distribuídos. A informação, tanto sobre as características dos sujeitos passivos, quanto sobre os bens e encargos, é de essencial importância para que se defina o justo numa distribuição, pois, só através do conhecimento da qualidade dos sujeitos e da utilidade dos bens, poder-se-á estabelecer a correspondência entre esses dois fatores (qualidade e utilidade) e assim definir o justo meio e a configuração da igualdade na repartição. A referida relação, no contorno antes mencionado, só pode ocorrer na análise de uma comunidade determinada, pois somente contextualizando a distribuição, é possível conhecer as necessidades e a utilidade dos bens a serem partilhados. Nesse sentido, a justiça distributiva só se justifica em dado contexto econômico e social, mediante a definição de fins e critérios de distribuição.

A justiça distributiva, pelo exposto, está delimitada numa mediania a ser definida entre quatro termos de uma relação, sendo dois termos os sujeitos e os outros dois a máxima quantidade e a mínima de um bem.[84]

Aristóteles bem demonstra essa relação na seguinte definição:

> É, portanto, necessário inferir que a justiça envolve, ao menos, quatro termos, ou seja especificamente dois indivíduos para os quais há justiça, e duas porções que são justas.

Assim, a distribuição será justa quando atentar para mesma a igualdade entre as porções dos bens e os sujeitos.[85]

O justo, no sentido distributivo, por conseguinte, está dado pela igualdade na proporção entre os méritos ou necessidades dos sujeitos da relação e a proporção entre os bens a serem distribuídos pelo sujeito ativo da distribuição. O sujeito passivo que tem maior mérito ou maior necessidade, de tal sorte, deve receber maior parte dos bens numa distribuição para que se atenda ao critério igualdade.

---

[83] Nesse sentido, vide WALZER, *Esferas...*, p. 6.

[84] "*A solução de direito se inscreve na forma de uma equação que manifesta a igualdade, não dos bens distribuídos, mas de duas relações estabelecidas entre pessoas e funções*". (VILLEY, *Filosofia...*, p. 77)

[85] "*Assim, o justo também envolve quatro termos, no mínimo, e a relação ou proporção entre o primeiro par de termos é idêntica àquela entre o segundo par, pois as duas linhas que representam os indivíduos e porções são divididas similarmente [...]*". (ARISTÓTELES, *Ética...*, p. 142.)

É interessante notar que a mesma quantidade – definidora da igualdade no pensamento aristotélico – não ocorre entre os bens ou encargos que cada sujeito passivo da distribuição recebe, mais sim a mesma quantidade entre mérito e bens, ou necessidade e bens.[86]

A igualdade nas distribuições justas, portanto, significa a mesma quantidade entre o que cada um merece e o que cada um recebe.

Por outro lado, a justiça corretiva é pensada nos termos de igualdade absoluta (ou aritmética segundo Aristóteles). As características dos seres humanos são absolutamente abstraídas e, de tal sorte, eles são tomados à revelia de suas qualidades, sem qualquer diferenciação numa relação. A relação ocorre, não nas distribuições, mas nas transações, como delimita Aristóteles.

De tal sorte, na justiça corretiva, há sempre uma relação jurídica que foi desequilibrada e deve, nesses termos, ter o equilíbrio restabelecido.[87] A relação jurídica objeto da justiça corretiva é aquela que se estabelece nas transações voluntárias (contratos) e involuntárias (ilícitos civis) quando algum participante toma mais do que lhe cabe dos bens.

Assim, a justiça corretiva opera nas transações entre seres humanos em que não há uma relação de subordinação decorrente da presença de um ente distribuidor. Tem por objeto tal sentido da justiça a correção nas relações estabelecida entre os indivíduos de dada comunidade, através da busca do equilíbrio nas relações privadas, voluntárias (contratos) e involuntárias (ilícitos civis).[88]

---

[86] É Tomás de Aquino que explicita esta relação: *"De ahí que en la justicia distributiva no se determine el medio según la igualdad de cosa a cosa, sino según la proporción de las cosas a las personas, de tal suerte que en la medida que una persona exceda a otra, así también la cosa que se le dé a dicha persona exceda a la que se dé a la otra persona. Y por esto, dice el Filósofo, que tal medio es según la proporcionalidad geométrica"*. (AQUINO, Suma Teológica, II – II, q. 61, a. 2)

[87] Vide TUGENDHAT, Lições de..., p. 396.

[88] Novamente Tomás de Aquino é esclarecedor ao analisar as transações voluntárias e involuntárias: *"Las commutaciones se llaman voluntarias cuando una persona transfiere a otra voluntariamente lo que es suyo. Si le transmite simplemente la cosa suya sin débito, como en la donación, no hay un acto de justicia, sino de liberalidad. Mas la transferencia voluntaria pertenece a la justicia en tanto en cuanto hay algo en ella por razón de débito, lo cual puede suceder de tres modos: primero, cuando alguien transmite simplemente una cosa suya a otro en compensación de una propiedad del otro, como sucede en la compraventa. Segundo, cuando alguien entrega a otro alguna cosa propia, concediéndole el uso de ella con la obligación de devolverla; si se concede el uso de la cosa gratuitamente, se llama usufructo en las cosas que algo producen, o simplemente mutuo o comodato en las que no producen, como son el dinero, vasijas y cosas semejantes. Pero si ni aun este uso se concede gratuitamente, se tiene locación y arrendamiento. Tercero, cuando alguien entrega una cosa como para recuperarla y*

Quando da aplicação da análise da justiça corretiva, é necessário que se apresente uma relação entre indivíduos na qual um deles atue tomando mais dos bens do que lhe cabe e, nessa senda, ganhando indevidamente e acarretando que o outro perca indevidamente. Nessa situação, a justiça corretiva determina uma correção de maneira a restabelecer a igualdade perdida.

Tal relação entre ganho indevido de um sujeito da relação e perda indevida de outro sujeito da relação é que deve ser sanada para que se estabeleça a justiça corretiva. A justiça corretiva, por conseguinte, é o mecanisno que objetiva o equilíbrio entre ganhos e perdas correspondentes numa relação entre seres humanos.[89]

Para que tal mecanismo se efetive, portanto, é necessário que o que se ganhou indevidamente seja retirado do sujeito que agiu, causando o desequilíbrio e entregue ao sujeito passivo que sofreu a perda, havendo, nesses termos, uma necessária correlação entre o ganho a ser retirado e a perda a ser restituída para que a relação fique novamente equilibrada. Mister destacar, todavia, que esta relação de retirada do ganho de um lesante e entrega ao lesado não se trata de pagar o mal com o mal. A reciprocidade necessária, como bem destaca Tomás de Aquino, consiste em restituir o que foi retirado do lesado indevidamente, ou seja, em colocar o lesado no estado anterior ao ato indevido.[90]

---

no por razón de su uso, sino de su conservación, como en el depósito, o a título de obligación, como cuando uno entrega una cosa suya en prenda o sale fiador de otro. En todas las acciones de este género, ya voluntarias, ya involuntarias, existe un mismo módulo para determinar el término medio, según la igualdad de la compensación, y por esto todas estas acciones pertenecen a una sola especie de justicia, es decir, la conmutativa". (AQUINO, *Suma Teológica, II – II*, q. 61, a. 3)

[89] O que é ganho e perdido não é desenvolvido no pensamento aristotélico, mas é completado no pensamento kantiano. Na verdade o ganho e a perda são de arbítrio. Vide item 1.2.3 abaixo.

[90] Assim esclarece Tomás de Aquino: *"Pero, en todos estos casos, debe hacerse, según la naturaleza de la justicia conmutativa, la compensación conforme a la igualdad, es decir, de modo que la reacción sea igual a la acción. Pero no tendría lugar siempre esa igualdad si alguien experimentase la misma especie de mal que a su vez hizo, porque, en primer lugar, cuando uno ofende injuriosamente a la persona de otro de más alta categoría, es mayor la acción que la pena de la misma especie que él habría de padecer en retribución (...). Tampoco, asimismo, en las transacciones voluntarias la retribución sería siempre igual si uno diera cosa suya recibiendo la de otro, porque tal vez ésta sea mucho mayor que la suya. Por eso es preciso en los cambios igualar la contraprestación a la acción, según cierta medida proporcional, por lo cual se inventaron las monedas. De este modo, la reciprocidad en las prestaciones es lo justo conmutativo".* (AQUINO, *Suma Teológica, II – II*, q. 61, a. 4)

Apesar de, como salientado, não haver a presença de um ente distribuidor, há a presença de um ente corretor, responsável pelo restabelecimento do equilíbrio entre ganhos e perdas. Tal ente é o juiz que, diante de um ato praticado por um lesante e sofrido por um lesado, busca restabelecer o equilíbrio, tirando o ganho do lesante e entregando ao lesado.

O cerne da justiça corretiva – diferentemente da justiça distributiva, que se dá na divisão igual em distribuições – é a divisão igual em transações. Contudo, há uma diferença na denominação dada a essa espécie de justiça por Tomás de Aquino e Aristóteles. Enquanto o primeiro trata da justiça comutativa, o segundo fala da justiça corretiva. Tal diferença pode ser explicada com base na existência de dois aspectos centrais no tratamento desse sentido justiça. Um aspecto que enfatiza o caráter comutativo das trocas, mais especificamente a necessária reciprocidade entre prestação e contraprestação nas transações e outro aspecto que enfatiza o caráter corretivo quando de uma conduta que viole o equilíbrio na relação de dois indivíduos.[91]

Destarte, mesmo considerando a diferença, inclusive, na denominação utilizada pelos dois filósofos, reitera-se que ambos tratam do mesmo sentido de justiça, mas com enfoques distintos, pois, como anteriormente referido, enquanto Aristóteles centra sua análise na correção, Tomás de Aquino enfatiza a própria essência da transação – reciprocidade entre prestação e contraprestação nas trocas – o que denominamos, no direito dos contratos, por influência romana e grega, de sinalagma ou causa sinalagmática.[92]

Nesse sentido, bem explicita Le Gac-Pech: *"La justice corrective est celle de la sanction réparatrice, celle qui directement ou par compensation rétablit le statut quo ante"*. (LE GAC-PECH, Sophie. *La proporcionnalité en droit privé des contrats*. Paris: E.JÁ, 2000, p. 33)

[91] Tomás de Aquino acaba por estabelecer uma aproximação da justiça corretiva com a justiça como reciprocidade (sinalagmática) analisada separadamente por Aristóteles no Livro V ao tratar exatamente do equilíbrio entre prestações num contrato de troca.

[92] Nesse sentido, tratando da causa sinalagmática no direito contratual profícua a tese de doutorado de FERREIRA DA SILVA, Luis Renato. *A teoria da causa sinalagmática como fonte de obrigações*. 2001. (Tese de Doutorado em Direito) Faculdade de Direito, Universidade de São Paulo: *"Com tudo isto, pode-se ver que a noção de causa sinalagmática, como se apresenta nesta tese é tributária dos conceitos supra referidos da teoria aristotélica. A importância que o direito atribui a várias situações jurídicas concretas, sempre precisando esta compensação por 'perdas' e 'ganhos' parece ser a justificativa [...]"*.

Apesar de não ser objeto do presente estudo, cumpre notar que Aristóteles, ao contrário de Tomás de Aquino, destaca a análise da reciprocidade da justiça corretiva em um ponto posterior do livro V da *Ética a Nicômaco*, justamente ao trazer o exemplo das trocas entre um construtor e um sapateiro.[93] Nesse viés, a justiça nas trocas foi tratada por Aristóteles quando do estudo da justiça como reciprocidade (sinalagmática) e não na justiça nas correções.[94]

Assim, considerando que o presente trabalho objetiva a análise do instituto jurídico da responsabilidade civil, mais especificamente a responsabilidade civil pelo fato do produto e do serviço, deve ser ressaltado o citado caráter corretivo da análise, vez que uma concepção da responsabilidade está intrinsecamente vinculada à ocorrência de um ato lesivo e à necessidade de correção para a finalidade de reequilibrar a relação, elementos centrais do aspecto corretivo da justiça em comento.[95]

---

[93] "Há os que opinam que a simples reciprocidade é justiça, doutrina que era dos pitagóricos, [...] A retribuição proporcional é efetuada numa conjunção cruzada. Por exemplo, suponhemos que A seja um construtor e, B um sapateiro, C uma casa e D um par de sapatos; requer-se que um construtor receba do sapateiro uma porção do produto do trabalho deste e que lhe dê uma porção do produto do seu. Ora, se a igualdade baseada na proporção entre os produtos for primeiramente estabelecida e então ocorrer a ação de reciprocidade, a exigência indicada terá sido atendida; mas se isso não for feito, o acordo comercial não apresenta igualdade e o intercâmbio não procede [...]". (ARISTÓTELES, Ética..., Livro V, cap. 5)

[94] Cabe, nesse ponto, destacar o esclarecedor ensinamento de Bostock: "Reciprocity, says Aristotle, is not the right account either of justice in distribution or justice in retification, but it is the right account another kind of justice, namely justice in 'associations for exchange'. We must add, however, that what is needed here is not simple reciprocity but rather reciprocity 'in accordance with proportion', for that is what holds a state togueter. I think it is clear that Aristotle means to introduce here a further form of particular justice, i.e., of justice as fairness. The basic question is: what constitutes a fair exchange? As his own discussion shows, this has a special case: what constitutes a fair price? To this we naturally add, though Aristotle does not, the closely related questions of a fair wage, a fair profit, and so on, for the general area is, as one migtht say, justice in economics". (BOSTOCK, David. Aristotle's ethics. Nova York: Oxford University, 2000, p. 63)

[95] Cumpre esclarecer que neste trabalho são utilizadas as expressões *justiça corretiva* e *justiça comutativa* como sinônimas. Richard Wright, entretanto, entende que a melhor designação é a de *justiça interativa*, com base no seguinte argumento: "Aristotle's terminology once again is not as clear and precise as one would like. First, Aristotle includes within the second kind of justice both voluntary and involuntary 'transactions,' even though 'transaction' implies (at least to modern ears) a voluntary interaction. 'Interaction' should be substituted for 'transaction'. Second, the words 'corrective' or 'rectificatory' place the focus on remediation of the second kind of injustice rather than on the injustice itself. Finnis substitutes 'commutative', the term which Aquinas uses, although he acknowledges that it also has been interpreted too narrowly (as referring solely to voluntary exchanges).

De tal sorte, é precisamente na necessidade de correção quando da ocorrência de um ato lesivo que se torna imprescindível ao presente trabalho a análise do direito segundo Immanuel Kant – mais precisamente nos termos desenvolvidos por este na sua obra *A Metafísica dos Costumes* –, de modo a contribuir para a busca do conhecimento da forma do direito privado vinculada ao seu fim direto (a igualdade) e seus fins indiretos (o bem individual e o bem do todo), como se passa a analisar no ponto seguinte.

1.2. O direito kantiano

Com o intuito de apreender o pensamento de Kant a respeito do direito, é necessário que se parta de conceitos essenciais relativos a sua filosofia moral. Tais conceitos fornecem o ferramental necessário para que se estabeleçam os fundamentos da doutrina do direito. Essa doutrina tem destacada importância para a compreensão da análise da forma nas relações nas quais tem por finalidade a igualdade absoluta nos termos vinculados à justiça corretiva aristotélica.

Desde já, entretanto, deve ser evidenciado que, nos termos em que se pretende conhecer o direito privado e a responsabilidade civil, a doutrina kantiana do direito não opera sob as mesmas premissas adotadas por Aristóteles e Tomás de Aquino.

Kant, efetivamente, não apresenta um pensamento teleológico vinculado à busca de bens contigentes. As premissas da filosofia moral kantiana são diversas, como será analisado na sequência deste estudo, tendo o pensamento sobre a razão prática pressupostos próprios, distintos dos defendidos pela tradição aristotélica-tomista. Com efeito, Kant não centra a moralidade na busca da felicidade,[96] mas sim na preservação de um ideal vinculado à autonomia da

---

The most descriptively straightforward term, which I will use, is 'interactive'". (WRIGHT, Richard W. The principles of justice. *Notre Dame Law Review*, v. 75, n. 1859, aug. 2000, p. 20)

[96] *"Discernimento, argúcia de espírito, capacidade de julgar e como quer que possam chamar-se os demais talentos do espírito, ou ainda coragem, decisão constância de propósito, como qualidades do temperamento, são sem dúvida a muitos respeitos coisas boas e desejáveis; mas também podem tornar-se extremamente más e prejudiciais se a vontade, que haja de fazer uso destes dons naturais e cuja constituição particular por isso se chama de carácter, não for boa. O mesmo acontece com os dons da fortuna. Poder, riqueza, honra, mesmo a saúde, e todo bem-estar e contentamento com a sua sorte, sob o*

vontade, à liberdade humana e à igualdade absoluta entre os seres humanos (dignidade).

Ao visar à igualdade nada absoluta para toda a moralidade, Kant acaba por fornecer valiosos instrumentos de compreensão do que este trabalho entende por *forma* da justiça corretiva. É perceptível, portanto, que nada mais coerente do que tal coincidência, à medida que a forma está determinada pelo fim como destacado na análise do pensamento aristotélico. Tendo a justiça corretiva aristotélica por fim a igualdade absoluta nas relações entre os seres humanos e a moral kantiana a mesma finalidade, é compreensível que a forma apresentada pelas duas análises seja coincidente.

Nesse passo, é precisamente Wenrib quem destaca esta vinculação:

> For Kant as for Aristotle, corrective justice is the justificatory structure that pertains to the immediate interaction of doer and sufferer. Kant, however, differs from Aristotle in presenting corrective justice not as an isolated category but as a part of a ramified legal philosophy. His treatment therefore enables us to see the place of corrective justice within its family of associated concepts.[97]

Destarte, com base nas concepções próprias da filosofia moral kantiana, o presente item desenvolve a estrutura básica das relações respeitantes à análise da justiça corretiva, mais precisamente das relações de responsabilidade civil.

1.2.1. As premissas da filosofia moral kantiana

A filosofia moral kantiana, ao contrário da aristotélica, tem por fundamento uma visão diferenciada de ser humano. Enquanto, para Aristóteles, o ser humano é caracterizado como animal político, conforme destacado no item precendente (1.1), o ser humano, para Kant, é um animal racional.[98]

---

nome de felicidade, dão ânimo que muitas vezes por isso mesmo desanda em soberba, se não existir também a boa vontade que corrija sua influência sobre a alma e juntamente todo o princípio de agir e lhe dê utilidade geral [...]". (KANT, Immanuel. *Fundamentação da metafísica dos costumes.* Tradução Paulo Quintela. Lisboa: Edições 70, 1960, p. 22)

[97] WEINRIB, *The idea...*, p. 84.

[98] Taylor bem destaca esta característica ao tratar do agente moral kantiano: "... *agir moralmente é agir de acordo com o que realmente somos, agentes morais/racionais. A lei da moralidade, em outras palavras, não é imposta de fora. É ditada pela própria natureza da razão. Ser um agente racional é agir por razões. Por sua própria natureza, as razões são de aplicação geral (...) Quando decido agir de acordo com a lei, quando determino, por exemplo, que não agirei a menos que possa desejar que*

Em virtude da sua racionalidade, o ser humano é capaz de quebrar as cadeias de causalidade presentes na natureza,[99] podendo ser causa, e não meramente um ser causado.[100] A racionalidade, nesses termos, garante ao ser humano a liberdade, vez que a racionalidade permite ao ser humano a escolha em cada ação sem estar preso a cadeias de causalidade. A escolha de direcionar sua ação à vontade[101] (agindo assim como causa) ou direcionar sua ação contrariamente à vontade, de maneira irracional animal (agindo como ser causado).[102]

---

o exemplo de minha ação seja universalmente seguido, estou apenas vivendo de acordo com minha verdadeira natureza como agente racional". (TAYLOR, Charles. *As fontes do self*: a construção da identidade moderna. Tradução Adail Ubirajara Sobral e Dinah de Abreu Azevedo. São Paulo: Loyola, 1997, p. 465)

[99] Kant, criticando David Hume, assim defende o princípio da causalidade: *"De minhas investigações, porém, resultou que os objetos, com os quais temos a ver na experiência, não são de modo algum coisas em si mesmas mas somente fenômenos, e que – conquanto com coisas em si mesmas não se possa absolutamente prever, antes, é impossível ter a perspiciência de como, se A for posto, deva ser contraditório que B, que é totalmente diverso de A não seja posto (a necessidade da conexão entre A como causa e B como efeito) – pode-se muito bem pensar que os objetos enquanto fenômenos têm que necessariamente vincular-se de algum modo em uma experiência (por exemplo, com respeito às relações de tempo) e não podem ser separados sem contradizer aquela vinculação, pela qual é possível essa experiência na qual eles são objetos e na qual são cognoscíveis apenas a nós. E assim se passou também de fato; de modo que não só pude provar o conceito de causa segundo sua realidade, mas também deduzi-lo como conceito a priori em virtude da necessidade de conexão que ele comporta, isto é, demonstrar a sua possibilidade a partir do entendimento puro, independentemente de fontes empíricas e assim, após a eliminação da fonte do empirismo, anular em sua raiz a sua inevitável conseqüência, a saber, o ceticismo, primeiro em relação a Ciência Natural [...]".* (KANT, Immanuel. *Crítica da razão prática*. Tradução Valério Rohden. São Paulo: Martins Fontes, 2003, p. 181)

[100] Assim, Kant, tratando do conceito negativo de liberdade: *"A vontade é uma espécie de causalidade dos seres vivos, enquanto racionais, e liberdade seria a propriedade desta causalidade, pela qual ela pode ser eficiente, independentemente das causas estranhas que a determinem; assim, como necessidade natural é a propriedade da causalidade de todos os seres irracionais de serem determinados à actividade pela influência de causas estranhas".* (KANT, *Fundamentação...*, p. 93)

[101] Sem adentrar nos debates referentes à natureza da vontade para Kant, cabe destacar a concepção do próprio: *"A vontade é concebida como a faculdade de se determinar a si mesmo e agir em conformidade com a representação de certas leis. E tal faculdade só pode ser encontrada em seres racionais".* (Ibidem, p. 67)

[102] *"Como ser racional e, portanto, pertencente ao mundo inteligível, o homem não pode pensar nunca a causalidade da sua própria vontade senão sob a idéia de liberdade, pois que independência das causas determinantes do mundo sensível (independência que a razão tem sempre que atribuir-se) é liberdade".* (Ibidem, p. 102)

Nessa esteira, para Kant, no molde já anteriormente proposto por Agostinho,[103] o arbítrio – que é caracterizado pela faculdade de desejar unida à consciência de ser capaz de produzir o objeto mediante a ação –, pode ser determinado pela razão pura, sendo denominado de livre-arbítrio. Por outro lado, o arbítrio determinado pela inclinação (impulso sensível, estímulo) é o arbítrio animal (arbítrio bruto). O arbítrio humano tem uma particularidade que o diferencia do animal, ele é de tal modo que é afetado certamente pelos impulsos, mas não é determinado por eles. Assim, o arbítrio não é puro por si (sem um hábito racional adquirido), mas pode ser determinado pelas ações, por uma vontade pura. A liberdade do arbítrio é a independência de sua determinação por impulsos sensíveis, o que caracteriza o conceito negativo de liberdade na doutrina kantiana.

Kant trata, ainda, do conceito positivo de liberdade como sendo o de "agir segundo nenhuma outra máxima que não seja aquela que possa ter-se a si mesma como objecto como lei universal".[104]

Segundo Kant, as leis da liberdade, diferentemente das leis da natureza, chamam-se morais.[105] Tais leis da liberdade caracterizam a moralidade e podem ser divididas em duas espécies:

a) chamam-se leis jurídicas quando impostas às ações de maneira externa ao sujeito da ação, ou seja, quando o relevante é a mera conformidade com a lei, não importando o fundamento interno ao sujeito;

b) chamam-se éticas quando as próprias leis devem ser os fundamentos de determinação das ações.[106]

---

[103] Agostinho, já no ano de 395, estabelecia a liberdade do arbítrio humano na sua obra "De libero arbitrio" nos seguintes termos: "*Por outro lado, se o homem carecesse do livre-arbítrio da vontade, como poderia existir esse bem, que consiste em manifestar a justiça, condenando os pecados e premiando as boas ações? Visto que a conduta desse homem não seria pecado nem boa ação, caso não fosse voluntária. Igualmente o castigo, como a recompensa, seria injusto, se o homem não fosse dotado de vontade livre. Ora, era preciso que a justiça estivesse presente no castigo e na recompensa, porque aí está um dos bens cuja fonte é Deus. Conclusão, era necessário que Deus desse ao homem vontade livre*". (AGOSTINHO. O livre-arbítrio. Tradução Nair de Assis Oliveira e rev. Honório Dalbosco. São Paulo: Paulus, 1995, p. 75)

[104] KANT, Fundamentação..., p. 94.

[105] "*Estas leyes de la libertad, a diferencia de las leyes de la naturaleza, se llamam morales*". (KANT, La metafísica..., p. 17)

[106] "*Si afectan sólo las acciones meramente externas y a su conformidad con la ley, se llamam jurídicas; pero si exigen también que ellas mismas (las leyes) deban ser los fundamentos de determinación de las acciones, entonces son éticas*". (Ibidem, p. 17)

Ademais, tendo como base a duplicidade supracitada, deve ser salientado que a coincidência das ações com as leis jurídicas caracteriza a legalidade da ação e, por sua vez, a coincidência com as leis éticas, a moralidade da ação. A liberdade decorrente do agir segundo as leis jurídicas é a liberdade no exercício externo do arbítrio, vez que independente da análise interna do sujeito. Contudo, a liberdade caracterizada pelo agir conforme as leis éticas é relativa tanto ao exercício externo quanto ao interno do arbítrio, pois dependente do desejo subjetivo.[107]

Por conseguinte, uma filosofia prática, que não tem por objeto a natureza, mas sim a liberdade do arbítrio, requer uma metafísica dos costumes.[108] Esta metafísica estabelece princípios *a priori* de maneira a poder determinar a legislação universal característica da moralidade. Nesses termos, fica plenamente evidenciado que o direito pensado por Kant é por essência ideal e teórico.

Para alcançar o referido objetivo, a legislação universal (ideal portanto) determina ações internas e externas de maneira *a priori*, mediante a mera razão. Assim, a legislação compreende dois elementos:

a) O primeiro elemento, uma lei que prescreve objetivamente a ação como dever;

b) O segundo, um motivo que se liga subjetivamente com a representação da lei como fundamento da determinação do arbítrio para a realização dessa ação; portanto, o segundo elemento consiste no fato de que a lei faz do dever um motivo.

De tal sorte, através do primeiro elemento, a ação apresenta-se como dever, o qual é um conhecimento meramente teórico, no plano das ideias, da possível determinação do arbítrio, quer dizer, da regra. Já no segundo elemento, o dever de agir desse modo se

---

[107] "*La liberdad a ala que se refieren las primeras leyes sólo puede ser la liberdad en el ejercicio externo del arbítrio, pero aquella a la que se refieren las últimas puede ser la liberdad tanto en el ejercicio externo como en el interno de arbitrio, en tanto que está determinado por leyes de la razón*". (KANT, La metafísica..., p. 17)

[108] "*Pode-se chamar empírica a toda filosofia que se baseie em princípios da experiência, àquela porém cujas doutrinas se apóiam em princípios a priori chama-se filosofia pura. Esta última, quando é simplesmente formal, chama-se Lógica; mas quando se limita a determinados objectos do entendimento chama-se Metafísica*". (KANT, Fundamentação..., p. 14)

une ao sujeito como fundamento de determinação do arbítrio em geral.[109]

A mera concordância ou discrepância de uma ação com a lei, sem ter em conta os motivos dessa ação, chama-se legalidade (conformidade com a lei), porém aquela em que a ideia do dever segundo a lei é o motivo da ação, chama-se moralidade (eticidade) dela.

Nessa senda, a ética determina que se cumpra o compromisso contraído em um contrato, ainda que a outra parte não possa obrigar o cumprimento (o direito privado positivo, inclusive, reconhece essa situação e a denomina de obrigação natural).[110] A doutrina do direito com base na lei e no dever correspondente a ela pode unir a coação por ser externa ao sujeito. Cumprir as promessas, por conseguinte, não é apenas um dever ético, mas sobretudo um dever jurídico, a cujo cumprimento podemos ser coacionados – o que vincula o direito à possibilidade de coação. Contudo, cumprir este dever, quando não se está sujeito à coação, é uma ação virtuosa. A legislação ética, de tal sorte, não pode ser exterior (ainda que os deveres possam ser exteriores), já a legislação jurídica é por característica exterior. Assim, cumprir a obrigação de reparar decorrente de um ilícito é um dever externo, mas o mandato de cumprir porque é um dever, sem ter em conta nenhum outro motivo, pertence somente à legislação interior.[111]

1.2.2. Os conceitos kantianos

Como já demonstrado no item anterior (1.2.1), o conceito de liberdade no sentido positivo tem por fundamento leis práticas incondicionais, que se denominam morais. As leis morais para os se-

---

[109] "Toda legislación (prescriba acciones internas o externas, y éstas, bien a priori mediante la mera razón, bien mediante el arbítrio ajeno) compreende dos elementos: primero, una ley que representa objetivamente como necesaria la acción que debe suceder, es decir, convierte la accion en deber; segundo un móvil que liga subjetivamente con la representación de la ley el fundamento de determinación del arbítrio para la realización de esa acción [...]". (KANT, La metafísica..., p. 23)

[110] Quanto à obrigação natural, ver SERPA LOPES. Curso de direito civil. 5. ed. Rio de Janeiro: Freitas Bastos, 1989. v. 2. p. 40: "A obrigação natural, tenha ela uma causa lícita ou ilícita, baseia-se nas exigências da regra moral. Apesar do direito positivo ter legitimado uma determinada situação jurídica, em benefício do devedor, este pode, a despeito disso, encontrar-se em conflito com sua própria consciência, e nada obsta a que, desprezando a mercê recebida da lei, realize a prestação a que se sente moralmente obrigado".

[111] Vide KANT, La metafísica..., p. 25.

res humanos, eis que esses são detentores de um arbítrio afetado sensivelmente, que acarreta na não adequação direta com a vontade perfeita, são imperativos[112] [113](mais especificamente mandatos e proibições) e mais que isso, imperativos categóricos[114] (incondicionados).[115]

Para a doutrina kantiana, as leis procedem da vontade, já as máximas, do arbítrio. A vontade que se refere somente à lei não pode ser chamada de livre ou não livre, porque não trata das ações, mas, sim, da legislação concernente às máximas das ações (portanto, da razão prática mesmo). Nesse sentido, é também absolutamente necessária[116] e não é ela mesma suscetível de coerção alguma. Por conseguinte, somente podemos denominar livre o arbítrio.

O princípio supremo da doutrina dos costumes (da ética e do direito) é, pois, agir segundo uma máxima que pode valer como lei universal, fundada na razão pura.[117]

---

[112] *"O imperativo diz-me, pois, que acção das que me são possíveis seria boa [...]"*. (KANT, *Fundamentação...*, p. 50).

[113] *"Mas para um ente, cuja razão não é total ou exclusivamente o fundamento determinante da vontade, essa regra contitui um imperativo, isto é, uma regra que é caracterizada por um dever-ser, o qual expressa a necessidade objetiva da ação e significa que, se a razão determinasse totalmente a vontade, a ação ocorreria inevitavelmente segundo essa regra"*. (KANT, *Crítica...*, p. 69)

[114] *"Ora, todos os imperativos ordenam ou hipotética – ou categoricamente. Os hipotéticos representam a necessidade prática de uma ação possível como um meio para alcançar qualquer outra coisa que se quer (ou que é possível que se queira). O imperativo categórico seria aquele que nos representasse uma acção como objetivamente necessária por si mesma, sem relação com qualquer outra finalidade. [...] todos os imperativos são fórmulas da determinação da acção que é necessária segundo o princípio de uma vontade boa de qualquer maneira. No caso de a acção ser apenas boa como meio para qualquer outra coisa, o imperativo é hipotético; se a ação é representada como boa em si, por conseguinte como necessária numa vontade em si conforme a razão como princípio dessa vontade, então o imperativo é categórico"*. (KANT, *Fundamentação...*, p. 50)

[115] Os imperativos categóricos se distinguem dos técnicos (das prescrições da arte), que somente mandam de modo condicionado; segundo essas leis, determinadas ações estão permitidas e não permitidas, sendo que o cumprimento ou a transgressão estão unidos a um prazer ou a um desagrado que não pode ter em conta, de modo algum, as leis práticas da razão (Vide KANT, *La metafísica...*, p. 27)

[116] Para explicar o significado kantiano da palavra "necessidade", cabe destacar o ensinamento de Rawls: *"Necessity here means pratical necessity: that is, what is required by the principles of pure pratical reason. So whatever is required by the categorical imperative (CI- procedure) is practically necessary for us"*. (RAWLS, John. *Lectures on the history of moral philosophy*. Cambridge, Londres: Havard University, 2003, p. 248)

[117] Novamente, Rawls, relaciona o imperativo categórico e a razão pura: *"To begin with, the categorical imperative is a priori in Kant's most general sense, that is, it is knowledge grounded on principles of (pure) reason"*. (Ibidem, p. 247)

Cabe salientar que a referida lei universal é alcançável por meio do imperativo categórico, que é apresentado em três formulações por Kant, a saber:

1) Age apenas segundo uma máxima tal que possas ao mesmo tempo querer que ela se torne lei universal;[118]

2) Age de tal maneira que uses a humanidade, tanto na tua pessoa quanto na pessoa de qualquer outro, sempre e simultaneamente como fim e nunca simplesmente como meio;[119]

3) Age segundo a máxima que possa simultaneamente fazer-se a si mesma uma lei universal.[120]

Das formulações, a que diretamente se vincula ao objetivo do presente trabalho é a segunda, por conter a concepção de dignidade humana kantiana, mais especificamente a concepção vinculada à alteridade, pois é aqui que, precisamente, Kant introduz a figura do outro em sua filosofia moral. Pela segunda formulação do imperativo categórico, a ação está sempre ligada ao uso que se faz dos seres humanos, eis que, segundo Kant, "aquilo porém que constitui a condição só graças à qual qualquer coisa pode ser um fim em si mesma, não tem somente um valor relativo, isto é um preço, mas um valor íntimo, isto é dignidade".[121]

Nesse aspecto, a dignidade[122] denota que a legislação ideal expressa na filosofia kantiana não pode admitir – assim como a aristotélica consoante salientado no capítulo anterior – que as determinações da legislação prejudiquem uma pessoa em favor de

---

[118] KANT, *Fundamentação...*, p. 59.

[119] Ibidem, p. 69.

[120] Ibidem, p. 80.

[121] Ibidem, p. 77.

[122] Cabe reiterar que a concepção de dignidade está presente no pensamento aristotélico como bem ensina Luis Fernando Barzotto: "*Esta igualdade básica, absoluta, é uma igualdade na dignidade. Como foi visto acima, a dignidade é o conceito fundante da experiência jurídico-política contemporânea. A 'dignidade da pessoa humana' é o termo que expressa o princípio subjacente à justiça social: a pessoa humana é digna, merecedora de todos os bens necessários para realizar-se como ser concreto, individual, racional e social. Ora, elencar os direitos e deveres derivados da mera condição de pessoa é assumir uma determinada concepção do que é a vida boa, a vida plenamente realizada para o ser humano. A comunidade fundada sobre a dignidade da pessoa humana é aquela em que há um consenso sobre uma determinada concepção de vida boa. Todos consideram a todos como sujeitos merecedores dos bens que integram a vida boa, apenas em virtude da sua condição de pessoas humanas*". (BARZOTTO, *Justiça...*)

outras, ou ainda, que prejudiquem uma minoria em favor do bem da maioria. A legislação puramente racional, na doutrina de Kant, não admite imperativos hipotéticos que poderiam sujeitar determinadas pessoas a servirem de meio para quaisquer fins contingentes de uma maioria. Para bem ilustrar essa concepção de suma importância, vale destacar:

> A necessidade prática de agir segundo este princípio, isto é, o dever, não assenta em sentimentos, impulsos e inclinações, mas sim somente nas relações dos seres racionais entre si, relação essa em que a vontade de um ser racional tem de ser considerada sempre e simultaneamente como legisladora, porque de outra forma não podia pensar-se como fim em si mesmo. A razão relaciona pois cada máxima da vontade concebida como legisladora universal com todas as outras vontades e com todas as acções para conosco mesmos, e isto não em virtude de qualquer vantagem futura, mas em virtude da idéia da dignidade de um ser racional que não obedece a outra lei senão àquela que ele simultaneamente se dá.[123]

Da concepção de dignidade da pessoa humana, é preciso destacar ainda o princípio da autonomia da vontade como proposto por Kant, eis que este fundamenta a dignidade humana na autonomia da vontade.[124] Assim, autonomia da vontade é definida como "o conceito segundo o qual todo o ser racional deve considerar-se como legislador universal por todas as máximas de sua vontade para, deste ponto de vista, se julgar a si mesmo e às suas acções".[125] Portanto, todo o ser humano, por ser dotado de uma vontade autônoma, tem um valor incondicional e, de tal sorte, não pode ser funcionalizado (servir de meio para fins outros).

Desses conceitos, devemos, ainda, destacar outros de grande valia para a compreensão da doutrina do direito kantiano.

O primeiro conceito é o de "obrigação", que, para Kant, é a necessidade de uma determinada ação livre segundo o imperativo categórico da razão.[126] Considerando que os seres humanos não têm sua ação diretamente vinculada ao racional, a obrigação é a necessidade de direcionar a ação ao racional, para, desta maneira, estar

---

[123] KANT, *Fundamentação...*, p. 77.

[124] "*A Autonomia é pois o fundamento da dignidade da natureza humana e de toda a natureza racional*". (Ibidem, p. 79)

[125] Ibidem, p. 75.

[126] "*Obligación es la necesidad de una acción libre bajo en imperativo categórico de la razón*". (KANT, *La metafísica...*, p. 28)

agindo conforme a razão e a liberdade, respeitando a dignidade na sua pessoa e na dos demais.[127]

Do conceito de obrigação, deve-se extrair o de "dever", que é a ação a que alguém está obrigado. O dever, portanto, é a matéria da obrigação, é a necessidade objetiva de uma ação em virtude de uma obrigação.[128]

O imperativo categórico, por conseguinte, conforme supraexplicitado, ao estabelecer uma obrigação em relação a determinadas ações, configura uma lei prática. Além disso, a obrigação não determina tão somente uma necessidade prática, ou seja, uma determinada ação, mas, somada a necessidade, a correspondente coerção. O imperativo categórico, nesses termos, é uma lei permissiva ou uma lei proibitiva, variando em virtude de estabelecer como dever o cumprimento ou a omissão de uma ação. Quando uma ação não é imposta nem proibida, ela é permitida, haja vista que, nessa situação, não há lei alguma que atue sobre a liberdade de uma pessoa.[129]

Com referência às ações submetidas à lei – objetos de uma obrigação portanto – elas são denominadas de "ato". Nesse sentido, o ser humano também é considerado sujeito à lei moral desde a perspectiva da liberdade de seu arbítrio. Assim, é através do ato que se considera o agente autor do efeito decorrente do ato, ocorrendo, portanto, a imputação do efeito ao autor do ato.[130] Nesses termos, a lei universal de Kant só permite a imputação e, por consequência, a responsabilização pelos efeitos de um ato ao autor desse ato; caso contrário, haverá ofensa à dignidade da pessoa responsabilizada.

Do conceito de ato deve-se chegar ao de "pessoa", como sendo o sujeito cujas ações são imputáveis. Já o conceito de personalidade é a liberdade de um ser racional submetido a leis morais.[131] É possível perceber, portanto, que uma pessoa não está submetida a

---

[127] "*A dependência em que uma vontade não absolutamente boa se acha em face do princípio da autonomia (a necessidade moral) é a obrigação. Esta, não pode, portanto, referir-se a um ser santo*". (KANT, Fundamentação..., p. 84)

[128] Ibidem, p. 84 e *La metafísica*..., p. 29.

[129] Ibidem, p. 29.

[130] "*Através de un acto semejante se considera al agente como auctor del efecto, y éste, junto con la acción misma, pueden imputársele, cuando se conoce previamente la ley en virtud de la cual pesa sobre ellos una obligación*". (KANT, *La metafísica*..., p. 30)

[131] Ibidem, p. 30.

qualquer outra lei, mas somente àquela que ela própria pode se dar através do uso da razão.

Do analisado extrai-se um conceito de suma importância para a doutrina do Direito. O conceito de "imputação" (*imputatio*) em sentido moral, segundo Kant, "é o juízo por meio do qual alguém é considerado como autor (*causa libera*) de uma ação, que então se chama ato (*factum*) e está submetido às leis".[132]

As leis externas, que caracterizam o Direito, são aquelas obrigatórias para as quais é possível uma legislação externa. Dentre elas, existem as leis externas naturais que são aquelas pelas quais se reconhece a obrigação aprioristicamente mediante o simples uso da razão. As leis, entretanto, que não obrigam sem legislação externa efetiva, chamam-se leis positivas.[133]

Segundo Kant, é possível uma legislação exterior somente de leis positivas, porém, neste caso, seria necessária uma lei natural a fim de fundamentar a autoridade do legislador. Com efeito, seria necessária uma lei que servisse de fundamento para a faculdade de um obrigar a outros simplesmente pelo uso de seu arbítrio. Além disso, para Kant (adotando a legalidade como critério de justiça), o que é correto segundo leis externas chama-se justo; o que não é, injusto.[134]

1.2.3. A doutrina do Direito

Immanuel Kant defende, como demonstrado no item anterior (1.2.2), que a doutrina do direito[135] (*ius*) é constituída por todo um

---

[132] KANT, *La metafísica...*, p.35

[133] "*En general, se llama leyes externas (leges externae) las leyes obligatias para las que es posible una legislación externa. De entre ellas se llaman leyes externas, pero naturalles, aquellas a las que se reconoce obligación a priori mediante la razón, incluso sin legislación exterior; por el contrário, las que no obligan en modo alguno sin legislación externa efectiva (sin le que, por tanto, no serían leyes), se llaman leyes positivas*". (KANT, *La metafísica...*, p. 31)

[134] É perfeitamente constatável que, nesse ponto, Kant utiliza como critério de justiça a legalidade, aproximando este sentido de justiça da justiça legal aristotélica conforme analisado em ponto anterior.

[135] A doutrina do direito diz o que é o direito (*quid ius*). Assim, para Kant, deve-se não somente por ela renunciar a todas as perspectivas do empirismo, mas buscar sua essência – isso quer dizer até as suas últimas fundações. O que é o direito? A doutrina do direito deve, por consequência, perguntar-se quais são as condições que resultam em prescrições jurídicas justas. Nesse sentido, Michel Villey ressalta a duplicidade de conhecimentos envolvendo o direito

conjunto de leis, para as quais é possível uma legislação exterior. O conceito de direito, quando se refere a uma obrigação[136] que lhe corresponde (o conceito moral segundo Kant), afeta, em primeiro lugar, somente a relação externa e certamente prática de uma pessoa com outra, quando suas ações, como fatos, podem influir-se (imediata ou mediatamente).

Porém, para Kant, o direito não significa a relação do arbítrio com o desejo do outro, como nas ações benéficas ou cruéis, senão somente com o arbítrio do outro. Além disso, nessa relação recíproca dos arbítrios, não se entende a *matéria* do arbítrio, quer dizer, o fim que cada qual se propõe com o objeto que quer; por exemplo, não se pergunta se alguém pode beneficiar-se ou não da mercadoria que compra para seu próprio negócio, mas, tão somente, pela forma (a estrutura) na relação do arbítrio de ambas as partes. De tal sorte, o que importa é a conciliação da liberdade dos arbítrios, e, se, com isso, a ação de uma parte ou de ambas as partes pode conciliar-se com a liberdade do outro segundo uma lei universal.

Portanto, segundo Kant, "o direito é o conjunto de condições pelas quais o arbítrio de um pode conciliar-se com arbítrio do outro segundo uma lei universal de liberdade".[137]

Assim, o princípio universal do direito para Kant é: "Uma ação é conforme o direito (*Recht*) quando permite, ou cuja máxima permite a liberdade do arbítrio de cada um coexistir com a liberdade de todos segundo uma lei universal".[138]

Nesse compasso, efetivamente, o direito é dado por uma lei que impõe uma obrigação, porém não exige que a pessoa deva restringir sua liberdade internamente a essas condições por essa obrigação, senão que a razão somente diz que está restringida a isso em sua ideia e, que, também, pode ser restringida por todos de fato:

---

segundo o pensamento kantiano: "*Ora, segundo Kant, que se explica o 'Conflito das faculdades', a função da ciência jurídica é responder ao problema, qual é a solução de direito? (o que significa em seu sistema: qual é a solução de acordo com o texto das leis positivas). Enquanto cabe à 'Faculdade de Filosofia' o segundo problema: o que é direito? Quer dizer, para Kant, o que significa primeiramente o termo direito, como defini-lo? Mas também o que é justiça, a idéia de direito, a solução que deveria ser idealmente e em direção à qual deveria tender o legislador?*". (VILLEY, *Filosofia...*, p. 16)

[136] Como supracitado, a obrigação, conforme Kant, é a necessidade de uma determinada ação livre segundo o imperativo categórico da razão.

[137] KANT, *La metafísica...*, p. 39.

[138] Ibidem, p. 39.

e isso se diz como um postulado da razão, que não é suscetível de prova ulterior alguma.

A obrigação, em termos kantianos, só tem sentido se houver intersubjetividade,[139] ou correlatividade, segundo Weinrib.[140] A ideia de comunicação, explícita ou implicitamente, é o coração do universo jurídico em termos formalistas e está consubstanciada na relação entre dever e direito como duas faces de uma mesma moeda. Nesse sentido, Kant explica a necessária vinculação entre dever e direito subjetivo:

> Pero por qué damos usualmente a la doctrina de los costumbres (moral) el título de doctrina de los deberes (sobre todo Cicirón), y no también doctrina de los derechos, puesto que unos se refieren a otros? – La razón es la siguiente: sólo conocemos nuestra propia liberdad (de la que proceden todas la leyes morales, por tanto, también todos los derechos asi como los deberes) a través del imperativo moral, que es una proposición que manda el deber, y a partir de la cual puede desarrollarse después la facultad de obligar a outros, es decir, el concepto de derecho.[141]

Por conseguinte, a lei universal determina que os direitos subjetivos nada mais são do que reflexos dos deveres como faculdade de obrigar as outras pessoas por seus deveres.

Cabe ressaltar, pelo acima demonstrado, que o direito privado kantiano foi racionalmente fundado e enraizado na legislação pura ou transcendental da razão prática, ele é desprovido de garantia. Ele é uma presunção jurídica, uma virtude, uma promessa jurídica; quer dizer que, como tal, ele não tem efetividade, ele é, segundo a terminologia kantiana, um direito provisório.

Para se tornar autenticamente jurídico, efetivo, ele precisa de sanção, consagração ou aval, da lei positiva. Para se tornar efetivamente jurídico, o direito privado deve ser submetido ao direito público kantiano. Só o direito político confere ao direito natural/racional autenticidade e validade jurídica.

---

[139] Conforme TERNAY, Henry. Uma leitura da filosofia do direito de Kant a partir da crítica da faculdade de julgar. *Cadernos do Departamento de Filosofia da PUC*, Rio de Janeiro, n. 9, p. 28-39, out. 1995, p. 32: *"Temos aqui mais um sinal da segunda revolução copernicana que acontece com a estética da Crítica da Faculdade de Julgar. No Ato estético, o homem, afirmando a universalidade do seu sentimento, ultrapassa seu 'eu' e chega ao 'outro'. Daí a segunda máxima da faculdade de julgar, enunciada no parágrafo 40: 'pensar colocando-se no lugar de qualquer outro'"*.

[140] Ver especificamente WEINRIB, Ernest J. Correlativity, personality, and the emerging consensus on corrective justice. *Theoretical Inquiries in Law*, v. 2, n. 1, jan. 2001, article 4.

[141] KANT, *La metafísica..*, p. 50-51.

A constatação de um direito ideal, fundado na razão, anterior ao direito positivado, fruto da atividade política, é que consuma a revolução copernicana do direito referida por Kant: o direito natural não é um modelo ou paradigma do direito positivo, mas somente promessa de direito. Portanto, Kant não estabelece o par conceitual direito natural-direito positivo. Ele insiste na subsunção do direito privado em relação ao direito estatal, subsunção que revela uma lógica transcendental e que significa que o direito privado do estado de natureza se ultrapassa e se efetua, de modo sintético, no direito público do estado civil.

Destarte, segundo Kant, todo direito depende de leis, e o justo natural, que é racional, como simples justiça comutativa, precisa ser validada pela mediação do jogo da lei civil assegurando a justiça distributiva de caráter público. Assim, o ideal racional não pode prescindir do exame do direito público.[142]

A necessária relação entre o universal e o particular Kant busca abordar na sua *Crítica do Juízo*. Como bem salienta Arendt: "a faculdade do juízo lida com particulares que 'como tais, contêm algo contingente em relação ao universal', que é aquilo com que o pensamento normalmente está lidando".[143] Os juízos do particular (do belo e do correto) não têm lugar na filosofia moral de Kant, à medida que a razão prática só pode ser determinada pela lei universal, mas tem um papel destacado na filosofia política.[144]

O que demonstra, ainda, a evolução do pensamento kantiano é a diferenciação entre o plano do direito privado ideal fulcrado na justiça corretiva/comutativa e o plano do direito público positivo que insere elementos de justiça distributiva frutos do juízo político.[145]

---

[142] Segundo, TERRA, Ricardo Robeiro. A distinção entre direito e ética na filosofia kantiana. In: FILOSOFIA e política 4. Porto Alegre: L&PM, 1987, p. 61: "*A legislação civil deve realizar o direito natural, mas, por outro lado, o direito natural dá o fundamento racional à legislação positiva*".

[143] ARENDT, Hannah. *A vida do espírito:* o pensar, o querer, o julgar. Rio de Janeiro: Relume Dumará, 2002, p. 370.

[144] "*Uma vez que Kant não escreveu sua filosofia política, a melhor maneira de descobrir o que ele pensava sobre este assunto é nos debruçarmos sobre a sua Crítica do juízo estético*". (Ibidem, p. 373)

[145] Apesar de não ser o objeto do presente trabalho, deve ser ressaltada a análise do possível juízo político desenvolvido por Hannah Arendt. Para Arendt, a problemática do juízo político, assim como a do juízo estético, estaria vinculada à constatação de que os juízos políticos, assim como os estéticos, são dependentes do sentido subjetivo gosto e não dos sentidos objetivos (audição, visão e tato). A solução, segundo Arendt, estaria na possibilidade de se

Para fins de construção do presente trabalho, é de suma importância estabelecer claramente essa duplicidade na análise jurídica. A existência de uma análise do universal, e a existência de uma análise particular do direito privado. Dessa constatação, é possível afirmar que o formalismo apresenta uma análise centrada no universal, e o funcionalismo, uma análise centrada no particular. Contudo, essa afirmação deve ser desenvolvida no capítulo seguinte com a finalidade de demonstrar em que sentido ela apresenta uma saída para o problema dos fundamentos da responsabilidade pelo fato do produto e do serviço.

---

efetuar juízos políticos através da representação (afastamento do problema pelo julgador), o que garantiria a imparcialidade e, através do senso comum, o que garantiria a comunicabilidade, essenciais para a busca da relação universal-particular. (ARENDT, op. cit., p. 367-382)

2. Qual concepção de direito privado fundamenta a responsabilidade pelo fato do produto ou do serviço?

Como supramencionado, esta parte do estudo apresenta o formalismo e o funcionalismo na forma delineada pelo livro *The idea of private law*, em que Ernest J. Weinrib lança sua teoria do formalismo jurídico e, ao mesmo tempo, critica o funcionalismo que, no seu entendimento, domina atualmente os estudos do direito privado, sobretudo nas escolas norte-americanas.[146] Sendo assim, mais uma vez é mister reiterar que o formalismo jurídico e o funcionalismo estão circunscritos à maneira com que foram apresentados na referida obra paradigmática deste estudo. Por fim, com o objetivo de aplicar a dualidade de concepções como ferramenta do entendimento da prática jurídica contemporânea, será analisada qual a concepção fundamenta a responsabilidade pelo fato do produto ou do serviço no âmbito das relações de consumo.

Para satisfazer esse intuito, o início do capítulo, item 2.1, irá tratar de descrever criticamente o funcionalismo e o formalismo, ou seja, esclarecer o que aqui se entende sobre essas concepções e como elas podem ser consideradas como válidas em situações diferentes. No item 2.2, de posse do conhecimento sobre as concepções rivais e da possível relação entre elas, serão analisadas e discutidas as premissas de Weinrib – a justiça particular de Aristóteles e o direito de Kant – com o intuito de debater a questão central do trabalho referente aos fundamentos da responsabilidade civil pelo fato do produto e do serviço no direito brasileiro.

---

[146] *"Its most prominent contemporary manifestation is the economic aproach, which has produced complex and sophisticated analyses of the incentive effects of different liability rules"*. (ARENDT, A vida do..., p. 3)

Ao analisar tal manancial teórico, obter-se-ão as premissas necessárias para demonstrar que o direito privado tem por caso central a *forma* da justiça corretiva apresentada por Weinrib, mas também que o direito privado depende do particular (casos periféricos), ou seja, com introdução de elementos externos.

2.1. As concepções rivais sobre o direito privado contemporâneo

2.1.1. O funcionalismo

O próprio vocábulo que denomina a concepção funcionalista nos traz a principal ideia dessa concepção. Com efeito, a ideia de "função" é a que pode esclarecer o ponto focal da teoria que aqui se pretende explicitar. Para iniciar esta análise, portanto, nada mais necessário do que a compreensão desse vocábulo. Cabe, portanto, apresentar a seguinte indagação: qual o sentido da palavra "função" para o direito?

Nesse compasso, importante destacar a lição de Ferreira de Almeida:

> Função é um termo polissémico. Em sentido lógico-matemático, função é a relação de correspondência entre os domínios de duas variáveis; em sentido orgânico, função é cada uma das partes constituintes de uma estrutura; em sentido instrumental (que é o mais utilizado na linguagem comum e também na linguagem jurídica tradicional), função significa o meio para atingir uma finalidade ou essa mesma finalidade.[147]

Assim, o sentido aqui adotado é exatamente o mais utilizado na linguagem comum e jurídica, ou seja, o sentido instrumental, que está essencialmente vinculado a uma relação de meios e fins. Qual meio é necessário para se atingir determinados fins?

Ademais, também no contexto do debate enfocado, o sentido de função está associado à ideia de meio, instrumento, caminho para se atingir certos objetivos, bens, fins. Contudo, a noção de função é inerente a todas as concepções do direito, pois é cediço que o

---

[147] FERREIRA DE ALMEIDA, Carlos. *Texto e enunciado na teoria do negócio jurídico*. Coimbra: Almedina, 1992, v. 1, p. 441.

direito é um meio, um instrumento, um caminho para atingir certos fins. Nesse sentido, bem destaca Aristóteles na passagem já citada:

> Considera-se que toda a arte e toda a investigação e igualmente todo o empreendimento e projeto previamente deliberado colimam algum bem, pelo que se tem dito com razão ser o bem a finalidade de todas as coisas. (Verdade é que se observa uma certa diversidade entre as finalidades colimadas pelas artes e ciências; em alguns casos a ação de praticar a arte é ela mesma a finalidade, enquanto em outros casos a finalidade é algum produto distinto da mera ação de praticar a arte, sendo que nas artes cujas finalidades são determinadas coisas distintas da prática das próprias artes, tais produtos são essencialmente superiores às ações ou atividades das quais resultam.[148]

A questão fulcral reside, neste contexto, em entender o direito privado como um campo do conhecimento restrito apenas a tal noção instrumental ou, como um campo do conhecimento que contém seus fins intrínsecos.[149]

Um exemplo metafórico, trazido por Macintyre, ilustra exatamente a referida questão. O exemplo fala de uma criança inteligente a quem se pretende ensinar a jogar xadrez, mesmo não tendo esta criança interesse em aprender a jogar. Contudo, no exemplo, a criança, como qualquer outra, gosta de comer doces. Assim promete-se à criança que, se ela jogar xadrez, lhe serão dados doces. Promete-se, ainda, que, se ela ganhar o jogo, receberá mais doces. Assim, a criança jogará para ganhar. Como tão somente os doces constituem um bom motivo para a criança jogar xadrez, ela não tem motivo para não trapacear, e está cheia de motivos para trapacear desde que lhe garanta a vitória. Contudo, há a esperança de que a

---

[148] ARISTÓTELES, Ética..., livro I, 1.

[149] Nesse sentido, pertinente a crítica apresentada por James Gordley que assevera que Weinrib não atenta para a relação entre meios e fins em sua teoria formalista: *"Weinrib breaks with the Aristotelian tradition. In that tradition, one cannot understand anything, whether a political institution, an organism, or an article of furniture, apart from its purpose, final cause or end. Each part of a thing has an end which is itself a means to the end of the whole. At the beginning of his commentary on the Nicomachean Ethics, Thomas Aquinas explained that there are two kinds of order, that of part to whole and that of means to ends, and that the second is the basis of the first"*. (GORDLEY, James. The purpose of awarding restitutionary damages: a reply to Professor Weinrib. *Theoritical Inquires in Law*. V. 1, n. 1, jan-2000). Ademais, apesar de criticar o pensamento que vincula o direito a fins, Weinrib é forçado a também definir um fim para o direito privado, qual seja, ser direito privado: *"If we must express this intelligibility in terms of purpose, the only thing to be said is that the purpose of private law is to be private law"* p. 5. Contudo, como será demonstrado na análise da justiça corretiva, a forma apregoada por Weinrib para o direito privado tem um fim específico – manter a igualdade entre os privados.

criança encontrará nos bens específicos do xadrez (como exemplo, a aquisição de imaginação estratégica e intensidade competitiva) um novo conjunto de motivos que não servem apenas para vencer em determinada ocasião, mas para tentar destacar-se de todos os modos que o jogo de xadrez exigir. Assim, caso a criança trapaceie, estará derrotando a si mesma, pois não alcançará os bens próprios do jogo de xadrez. De tal sorte, é possível constatar que existem dois tipos de bens que se podem alcançar através do jogo de xadrez: a) os bens externos e contingentes (ligados ao jogo de forma acidental: doces, *status*, fama, entre outros) que se podem alcançar de maneiras alternativas não estando vinculados ao exercício de determinada atividade; b) os bens internos à prática do xadrez, que não se pode alcançar de nenhum outro modo que não seja jogando xadrez.[150]

Nesse ponto, é possível delimitar e compreender o funcionalismo, num sentido amplo, pois o funcionalismo é a concepção que esgota o direito na ideia funcional. O direito nada mais é do que meio para obtenção de fins determinados por outros ramos do conhecimento (fins externos). Destarte, como salienta Weinrib, o direito é meramente funcional na busca de fins externos, dados por outras áreas do conhecimento como a economia e sociologia:

> Under this functionalism, the justificatory worth of the goals is independent and external to the law that they justify.[151]

Nesse sentido, também é a lição de Michelon:

> Daí decorre a negação de que exista um conjunto de regras de justiça diretamente aplicáveis aos institutos de direito privado que, como alicates ou chaves de fenda, serviriam somente como meios para atingir objetivos definidos independentemente deles. Em outras palavras, a negação de que existam critérios de justiça internos à relação de direito privado.[152]

O direito privado na concepção funcionalista é, nesses termos, meramente instrumental e preocupado, portanto, com o particular na busca de objetivos contingentes. A sua principal característica é servir como uma ferramenta para fins dados externamente. Ademais, por esses fins serem externos, são independentes do direito

---

[150] O exemplo é bem detalhado por MACINTYRE, Alasdair. *Depois da virtude*. Tradução Jussara Simões. Bauru, São Paulo: EDUSC, 2001, p. 316-317.
[151] WEINRIB, *The Idea*..., p. 4.
[152] MICHELON, *Um ensaio*..., p. 102.

privado. O direito privado não tem alcance sobre a fixação de seus fins e, dessa maneira, se torna um conhecimento subsidiário, alterável e, por vezes, descartável,[153] pois, como o próprio Aristóteles destacou na passagem supracitada referindo-se aos conhecimentos que determinam os bens (fins) "tais produtos são essencialmente superiores às ações ou atividades das quais resultam".[154]

Nessa esteira, o caráter subsidiário do direito privado é nítido na concepção funcionalista, vez que o conhecimento jusprivatista é secundário em relação às áreas de conhecimento que fixariam os objetivos externamente, como a economia e a sociologia. Tais áreas do conhecimento, na concepção funcionalista, estudariam e concluiriam, de maneira particular, quais fins a sociedade necessita e o instrumental direito privado deveria, de forma subsidiária, se conformar a tais fins. O exemplo que Weinrib traz da análise da responsabilidade civil é esclarecedor nesse sentido.

Sabidamente, os fins de dissuasão, punição e maximização do bem-estar são exemplos de fins que hoje são considerados relevantes na disciplina do instituto da responsabilidade civil. Tais necessidades sociais não são determinadas pelo estudo do direito privado, pois saber se, na sociedade de consumo, é necessário utilizar da responsabilidade civil para impor indenizações que, além de reparar, devem desencorajar, punir e tornar o mercado mais eficaz, ou, ainda, se a responsabilidade civil deve socializar os riscos de acidentes de consumo, são preocupações objeto do estudo da economia, da sociologia, da psicologia. Não é objeto específico do direito privado estudar a mente humana, o mercado e a sociedade a fim de definir

---

[153] Nesse sentido, bem analisa o jurista português João Calvão da Silva: "*Os danos corporais, por exemplo, tendem a ser compensados, no Welfare State ou 'Estado Assistencial', pela segurança social e eventual seguro pessoal, tornando-se a responsabilidade civil, assim, menos necessária. Na Suécia desempenha papel reduzido e na Nova Zelândia chega mesmo a ser substituída, no que concerne aos danos corporais, por um sistema de indemnização social – o seguro nacional de acidentes de 1974. Tende, a responsabilidade civil tradicional, a ser eliminada das leis modernas de indemnização de vítimas de acidentes de circulação, como já o fora em leis de acidentes de trabalho [...]. Por outras palavras: a penetração, na área da responsabilidade civil, do seguro e da segurança social fizeram perder-lhe o interesse no âmbito do dano corpóreo, já que, ao modificarem o seu funcionamento tradicional e ao apelarem às suas funções e domínio, contribuíram para o seu declínio. Daí que se diga encontrar-se o 'direito de responsabilidade civil em estado de crise' [...]*". (SILVA, João Calvão da. *Responsabildiade civil do produtor*. Coimbra: Almedina, 1990, p. 107-110) Também cabe a citação do importante estudo de POSNER, Richard A. *Overcoming law*. Cambridge, Mass., Harvard University, 1995.

[154] ARISTÓTELES, Ética..., livro I, 1.

os referidos objetivos. Cabe a ele apenas servir de instrumento para se atingir tais intentos.

Ademais, como salienta Weinrib, o argumento moral, não menos que o argumento econômico, pode ser externo ao autoentendimento jurídico, e é essa externalidade em termos gerais, não a externalidade da economia, que é problemática. O argumento moral em si mesmo não tem um *status* primordial para o direito privado exceto na medida em que participa de uma inteligibilidade jurídica imanente.[155]

Para Weinrib, a compreensão do direito privado não instrumental não pode iniciar com os fins da própria moralidade (mesmo uma moralidade não instrumentalista no seu entendimento)[156] e não pode considerar o direito privado meramente como um meio de implementá-la. As noções morais devem elas mesmas refletir o caráter específico do direito privado como um modo de ordenação distinto e coerente.[157]

O funcionalismo, por estar caracterizado por essa externalidade dos fins, engloba uma série de teorias a respeito do direito e, mais especificamente, do direito privado, pois, como já salientado, basta que sejam determinados fins extrínsecos ao direito privado, para que uma teoria seja qualificada como funcionalista. Nesse contexto, a já citada *análise econômica do direito*, pode-se acrescentar o Direito Social[158] e, exemplificativamente, o pensamento mais abrangente do

---

[155] WEINRIB, *The idea...*, p. 49.

[156] Nesse ponto, é interessante notar que Weinrib entende que, quando os fins externos são dados pela moral, a análise do direito não se configura como instrumental na medida em que enfoca os indivíduos como fins em si mesmos: *"These observations indicate that a non instrumentalist approach, which speaks the language of morality and focuses on individuals as ends in themselves, is more promising. Such an approach offers the prospect of understanding private law as a mode of ordering with its own integrity, rather than as a device for forwarding collective interests"*. (Ibidem, p. 49)

[157] Ibidem, p. 50.

[158] Quanto ao Direito Social, muito em voga entre os doutrinadores brasileiros, importante é a análise de Ronaldo Porto Macedo Júnior: *"O Direito Social é um direito das desigualdades, oposto ao paradigma kantiano de uma Justiça Universal. Dentro deste novo contexto, o Direito Social torna-se um instrumento de governo, na medida em que orienta os critérios de legitimação das políticas sociais. Os direitos especiais e privilégios são distribuídos de acordo com sistemas políticos de pesos e contrapesos"*. (MACEDO JÚNIOR, Ronaldo Porto. Mudanças dos contratos no âmbito do direito social. *Revista de Direito do Consumidor*, n. 25, janeiro/março, 1998, p. 103)

utilitarismo[159] de David Hume,[160] Bentham, John Stuart Mill, Sidgwick[161] e a teoria do direito privado de Otto von Gierke.[162] [163]

A externalidade dos fins em relação ao estudo do direito privado e, mais especificamente, em relação à responsabilidade civil, pode ocorrer de duas maneiras: a) os fins podem ser jurídicos, ou seja, do direito público, mas externos ao direito privado. Como exemplo mais saliente, é possível citar as finalidades de punição e dissuasão de condutas ilícitas, que são características do direito público, vinculadas à atividade precípua do Estado; b) os fins podem ser externos ao direito, como por exemplo, a finalidade de maximização da riqueza defendida pela análise econômica do direito.

No direito brasileiro, mais especificamente, é fácil a constatação da crescente funcionalização do institutos do direito privado. Os exemplos mais salientes são os de positivação da função social da propriedade e do contrato que efetivamente inserem na análise

---

[159] Reitera-se a nota de rodapé n. 13 referente ao utilitarismo segundo Tom Campbell: *"Los principios centrales del utilitarismo constituyen una poderosa combinación de dogmas empíricos y normativos, expuestos primero por los filósofos radicales del siglo XIX, particularmente Jeremy Bentham y – en una veta menos ortodoxa –, John Stuart Mill. Los filósofos radicales sostienen las tesis aparentemente contradictorias de que (1) como cuestión de hecho, todas las personas buscan maximizar sus propios placeres y minimizar sus dolores (tesis a veces llamada "egoísmo psicológico"), y (2) como cuestión de valor, el acto moralmente correcto es aquel que maximiza los placeres y minimiza los dolores de todas aquelas personas afectadas por él (tesis a la que llamaré 'utilitarismo ético')"*. (CAMPBELL, *La justicia...*, p. 132)

[160] Vide, Hume: *"Portanto, as regras da eqüidade e da justiça dependem inteiramente do estado e situação particulares em que os homens se encontram, e devem sua origem e existência à utilidade que proporcionam ao público pela sua observância estrita e regular"*. (HUME, David. *Uma investigação sobre os princípios da moral*. Tradução José Oscar de Almeida Marques. Campinas, São Paulo: UNICAMP, 1995, p. 41-42)

[161] Quanto à evolução do utilitarismo, ver a análise de MACINTYRE, *Depois...*, p. 115-121.

[162] Vide a importante obra: GIERKE, Otto Von. *La función social del derecho privado:* la naturaleza de las asociaciones humanas. Madrid: Sociedad Editorial Española, 1904

[163] É necessário destacar, apesar de não ser objeto específico desta pesquisa, que historicamente o funcionalismo, nas suas principais vertentes, tem origem no nominalismo de Guilherme de Ockam, que entende como realidade apenas o indivíduo, o restante, tem caráter instrumental em relação a este indivíduo. Com efeito, os precursores do utilitarismo – como Bentham – eram nominalistas. Assim, o direito não tem uma existência real, mas apenas mental e instrumental, podendo ser estruturado da maneira que melhor aprouver ao indivíduo. Com o coletivismo de Hegel, Marx, Comte, Durkheim, o que ocorre é a substituição dos fins individuais pelo fins coletivos, mas a função instrumental do direto continua vinculada a fins externos dados agora pela coletividade. Nesse sentido, vide análise de VILLEY, *Filosofia...*, p. 131-152.

do direito privado fins externos ao direito, notadamente fins sociais.[164]

Pelas considerações apresentadas e, por não se tratar o presente estudo da história das diversas teorias funcionalistas, é importante ressaltar o traço uniforme e característico da concepção funcionalista, qual seja: o caráter extrínseco dos fins impostos ao direito.

Desse caráter amplo, é possível constatar que a abragência e a influência da concepção funcionalista, portanto, é evidente na prática do direito privado. Cabe, entretanto, analisar se a concepção funcionalista é preponderante no direito privado ou, não sendo preponderante, em que medida ela é possível. Assim, como já salientado, esse é um dos objetivos que norteiam este estudo.

Para tanto, antes de adentrar no estudo da concepção rival ao funcionalismo, mister se faz a apresentação das principais críticas a essa concepção.

2.1.2. Principais críticas ao funcionalismo

Neste momento, de posse da principal característica do funcionalismo, é interessante apresentar duas das principais críticas ao funcionalismo, na sua mais tradicional forma, o utilitarismo. A primeira relevante crítica é trazida por MacIntyre, nos seguintes termos:

> Ademais, agora estamos aptos a especificar uma dificuldade fundamental para qualquer versão do utilitarismo – além daquelas que espeficifiquei anteriormente. O utilitarismo não pode alojar a diferença entre os bens internos e os bens externos às profissões. Além de não estar marcada por nenhum dos utilitaristas clássicos, esta diferença não está presente nos escritos de Bentham nem nos de Mills e Sidwick – mas os bens internos e os bens externos não são comensuráveis entre si. Portanto, a noção de cálculo dos bens – e, *a fortiori*, à luz do que eu disse sobre tipos de prazer e satisfação, a noção de cálculo de felicidade – segundo uma única fórmula ou conceito de utilidade, seja de Franklyn, Bentham ou Mill, não faz sentido.[165]

A análise é de extremo relevo e serve para sustentar a principal crítica que será apresentada por Weinrib: a de que a introdução de bens (fins) externos como critérios explicativos, em um dado obje-

---

[164] Como já ressaltado, essas funções dadas aos institutos do direito privado são determinadas pela legislação vigente (art. 5, da CF e art. 421 do CCB/2002).
[165] MACINTYRE, *Depois da...*, p. 333.

to do estudo (prática no exemplo de MacIntyre)[166] retira o sentido desse campo do conhecimento, pois torna os fins totalmente aleatórios, incomensurávies e, na maioria das vezes, conflitantes. Sabidamente, fins como a maximização da riqueza de uma determinada sociedade (fim econômico) podem estar em conflito com um fim de erradicação da pobreza (fim característico do direito público). Assim, uma concepção funcionalista, que não identifica a diferença entre os fins externos (particulares e contingentes) e os fins internos (universais e essenciais), não tem a capacidade de determinar um critério de comensurabilidade dos fins.

Tal crítica pode ser reforçada por um argumento trazido por Weinrib,[167] a de que até seria possível que o direito privado fosse explicado em termos de busca de fins externos dados pela economia ou pela sociologia, mas o problema é que a economia, a sociologia, ou outra ciência não poderiam reclamar uma primazia ou exclusividade, pois o seu campo do conhecimento deveria ser explicado também em função de um outro campo do conhecimento, isso num pensamento funcionalista ligado a todas as ciências. Outra possibilidade seria considerar esta ciência fornecedora de fins ao direito privado como uma ciência independente, ou seja, que possuísse meios e fins próprios. Nesse caso, entretanto, é clara a constação de que, possuindo meios e fins próprios, essa ciência alienígena não necessitaria do direito privado como meio, já que possuiria os seus. O direito privado, nessa visão, é um meio descartável.[168]

A segunda crítica a ser levantada em relação à concepção funcionalista é a trazida por Dworkin nos seguintes termos:

> Não é difícil imaginar mudanças no contexto econômico, social ou psicológico que fariam de nossas intuições conhecidas não o melhor que um utilitarista pudesse inculcar. Os sádicos radicais poderiam tornar-se tão numerosos entre nós, sua capacidade de prazer tão profunda, e seus gostos tão irredutíveis que, mesmo no primeiro nível – quando examinamos as regras que poderiam aumentar a felicidade a longo prazo –, seríamos forçados a fazer exceções a nossas regras gerais e

---

[166] Cumpre esclarecer o sentido de prática para o referido autor: "*O significado que darei a 'prática' será o de qualquer forma coerente e complexa de atividade humana cooperativa, socialmente estabelecida, por meio da qual os bens internos a essa forma de atividade são compreendidos durante a tentativa de alcançar o padrão de excelência apropriados para tal forma de atividade, e parcialmente definidores, tendo como conseqüência a ampliação sistemática dos poderes humanos para alcançar tal excelência*". (Ibidem, p. 315-316)

[167] WEINRIB, *The idea...*, p. 17.

[168] Novamente, cabe lembrar o importante estudo de POSNER, *Overcoming...*, 1995.

permitir somente a tortura dos negros. Não é uma boa resposta dizer que, felizmente, não existe nenhuma possibilidade verdadeira de que tal situação venha a verificar-se. Na verdade, uma vez mais o objetivo dessas hipóteses terríveis não é fazer uma advertência prática – a de que, se nos deixarmos seduzir pelo utilitarismo, poderemos nos flagrar defendendo a tortura –, mas sim expor os defeitos do tratamento acadêmico da teoria ao chamar a atenção para as convicções que continuam poderosas, ainda que de forma hipotética. Se acreditamos que seria injusto torturar negros mesmo nas circunstâncias (extremamente improváveis) em que tal procedimento pudesse aumentar a felicidade geral, se achamos que essa prática não trataria as pessoa como iguais, devemos então rejeitar o segundo passo do argumento utilitarista.[169]

O citado exemplo de Dworkin, apesar de parecer improvável, é de grande importância para a nossa análise, pois traz à tona a principal consequência de uma concepção funcionalista que é a de que essa concepção, à medida que introduz fins externos ao direito privado, em todas as ocasiões – em menor ou maior grau –, afeta a igualdade como dignidade que caracteriza o ideal de direito privado. O indivíduo pode ter sua dignidade violada em prol do bem da maioria. O indivíduo, nesses termos, pode ter sua dignidade violada em prol do bem-estar econômico da maioria, pois, como constatado por Coleman, a neutralidade das medidas direcionadas à eficiência econômica é inverossímil, eis que quando tais medidas são adotadas apresentam favorecidos e prejudicados.

Tanto é assim, que a maioria das análises em termos econômicos não adota o critério de Pareto, mas sim o critério Kaldor-Hicks, segundo o qual, sumariamente, os favorecidos por uma medida deveriam compensar os prejudicados de maneira a garantir que após a compensação ninguém iria preferir o estado anterior à medida adotada. Contudo, apesar de o critério Kaldor-Hicks ser potencialmente acorde com a Superioridade de Pareto, na realidade não o é na maioria dos casos, pois as medidas e as normas defendidas em termos de eficiência, segundo tal critério, não estabelecem a referida compensação como sendo obrigatória, mas somente potencial. Ademais, Coleman bem ressalta que o critério Kaldor-Hicks recai no paradoxo de Scitovsky, pois na comparação entre dois estados de coisas, *A* e *S*, é possível pensar em compensação nos dois estados, vez que os favorecidos do estado *A* podem compensar os pre-

---

[169] DWORKIN, *O império...* p. 350-351. Cabe lembrar que o domínio do poder político por sádicos não é fato inexistente na história moderna. Vide o nazismo alemão e o tratamento dado aos judeus, ciganos, entre outros grupos.

judicados, assim como os favorecidos do estado *S* também podem, ou seja, o critério Kaldor-Hicks é intransitivo. Além disso, mesmo nos termos da Superioridade de Pareto, não é certo que um estado objeto de preferência seja objeto de consentimento a não ser que se equipare preferência a consentimento, o que determinaria a Superioridade de Pareto como sendo uma definição, e não uma forma de fundamentação em termos kantianos. Nesse compasso, após apresentar as referidas dificuldades da análise econômica, Coleman assim conclui:

> To sum up: (1) Kaldor-Hicks, and not the Pareto criteria, is the basic standard of efficiency in law and economics. The Kaldor-Hicks criterion is intransitive. Two states of affairs can be Kaldor-Hicks efficient to one another. Utility observes transitivity, but Kaldor-Hicks efficiency does not. This suggests that Kaldor-Hicks does not embody or express the utilitarian ideal. (2) States of affairs that satisfy the Kaldor-Hicks standard may produce losers as well as winners. The losers cannot be expected to consent to their loses, or at least we cannot infer that they will. Therefore, there is no Kantian or consent defense for Kaldor-Hicks efficiency. (3) Nor is there a consent-based defense of Pareto optimality in the offing. On the assumption that losers will not consent to their losses, all we can say is that once at a Pareto optimal point, individuals will not unanimously consent to departures from it. (4) Nor can one infer that Pareto superior states are consented to. One can infer that Pareto superior states are preferred to those states Pareto inferior to them. But the fact that they are preferred does not entail that they are consented to, unless preference is defined in terms of consent. In that case, the claim that Pareto superior states are consented to expresses a definition, and thus consent cannot ground or justify Pareto superiority, being completely constitutive of it. Or so I have argued.[170]

Ademais, segundo Weinrib,[171] as abordagens instrumentalistas são vulneráveis à crítica porque falham ao refletir sobre a unidade, o caráter, e a distinção da relação de direito privado. Nesses termos, as razões para essa vulnerabilidade são as seguintes:

1) O instrumentalismo, característico do funcionalismo, não pode ser sensível ao nexo direto entre as partes de uma relação jurídica de direito privado.

2) Porque o instrumentalismo implica o bem-estar coletivo, ele naturalmente leva a construir o direito privado não como um área do direito distinta, mas como uma variação do direito público.

---

[170] COLEMAN, Jules. The grounds of welfare. Public Law & Legal Theory Research Paper Series. nº 43, http://papers.ssrn.com/abstract=388460, p. 108.
[171] WEINRIB, *The idea...*, p. 48-49.

3) O pensamento instrumentalista frequentemente apresenta objetivos independentes e assim não se adapta a relações de direito privado intrinsecamente unificadas em um só objetivo.

4) O instrumentalismo substitui seu próprio vocabulário pelos do direito privado e, passa a utilizar de termos como culpa, nexo causal, dever, entre outros, num sentido alterado.

Outrossim, no que tange a uma das principais teorias utilitaristas,[172] *a análise econômica do direito,* cumpre notar que ela, no que pertine à responsabilidade civil, toma a promoção da eficiência econômica como o objetivo maior. A alegação básica da análise econômica é que uma pessoa deve ser responsabilizada por falhar em evitar um acidente apenas quando o custo das precauções seja menor que o provável custo do acidente. Assim, do ponto de vista econômico, as regras de direito privado relativas à responsabilidade civil promovem incentivos para precauções justificadas por seu custo.

Como exemplo, pode-se citar a teoria de Posner,[173] que define que o método do direito busca determinar responsabilidades entre as pessoas participantes de interações de modo a maximizar o valor

---

[172] Cabe salientar que existem dois modos gerais de análise econômica do Direito. Nesse sentido, Jon Hanson e Melissa Hart: *"it is necessary first to consider two general modes of analysis within law and economics: the positive mode, which is descriptive or predictive; and the normative mode, which is prescritive or judgmental".* Um modo denominado positivo (descritivo) que entende que a análise é a condizente com as normas do sistema jurídico existente e o outro modo, denominado normativo (prescritivo), que entende que a análise econômica é a melhor maneira de compreender o Direito, devendo, inclusive, ocorrer alterações nas normas jurídicas existentes para que se adaptem à racionalidade econômica. (HANSON. Jon D., HART. Melissa R. Law and economics. In: *A Companion to philosophy of law and legal theory*. Cambridge: Blackwell, 1996., p. 311)

[173] Mister ressaltar que nem toda a análise econômica do direito é utilitarista ou funcionalista. Nesse viés, ver Amartya Sem: *"Evidentemente, é preciso admitir desde já que direitos morais ou liberdade não são, de fato, conceitos aos quais a moderna economia dá muita atenção. Na verdade, na análise econômica os direitos são vistos tipicamente como entidades puramente legais com uso instrumental, sem nenhum valor intrínseco. Já discorri sobre esses descasos. Contudo, pode-se dizer que uma formulação adequada de direitos e liberdade pode fazer bom uso do raciocínio conseqüencial do tipo tradicionalmente encontrado na economia".* (SEN, Amartya. Sobre ética e economia. Tradução Laura Teixeira Motta e revisão de Ricardo Doninelli Mendes. São Paulo: Companhia das Letras, 1999, p. 87)

total de bens e serviços[174] e, que só de tal maneira o direito é considerado justo.[175]

Posner esclarece seu conceito de *wealth maximization*[176] como o objetivo de tentar maximizar o valor[177] de todos os bens e serviços colocados ou não no mercado.

Nesse contexto, a responsabilidade civil tem por finalidade a distribuição eficiente dos custos decorrentes dos prejuízos oriundos de um acidente, dos custos de prevenção e dos custos com processos para determinar esses custos. O princípio geral da responsabilidade civil, portanto, é de que os custos sejam suportados pela parte que poderia evitar ou minimizar os riscos dos referidos acidentes, sempre com vistas a maximizar o valor comum de bens e serviços.[178]

Por conseguinte, a análise econômica do direito deixa bastante claro que, com a responsabilidade civil, objetiva-se distribuir custos de acidentes. Para realizar uma distribuição, entretanto, é necessário determinar a quem dar, sendo que essa determinação tem que estar pautada pela igualdade proporcional. A igualdade ao repartir, ao contrário da igualdade nas correções ou comutações, como analisado na primeira parte do primeiro capítulo, não pode abstrair as qualidades dos sujeitos passivos da distribuição e tratar a todos como seres dotados dos mesmos méritos e necessidades, pois, ao proceder de tal maneira, pode ocasionar a entrega de bens (ou custos como no caso) demasiados a quem não os merece ou o inverso. Assim sendo, para pensar uma distribuição com base no critério igualdade, numa comunidade plural, necessariamente, devem-se analisar as qualidades dos participantes da distribuição, sobretudo, analisar os méritos e as necessidades desses participantes em relação aos bens e encargos a serem distribuídos. No teoria de Posner,

---

[174] POSNER, *Economic...*, p. 181.

[175] Salienta, CAMPBELL, *La justicia...*, p. 141, uma questão importante ao destacar que a tese de Posner defende a visão de que o critério para determinar se certos atos são justos ou bons está em saber se maximizam a riqueza da sociedade.

[176] POSNER. Richard A. *Wealth maximization and tort law*: a philosophical inquiry. In: PHILOSOPHICAL foundations of tort law. New York: Oxford Press, 2001, p. 99, assim ensina: *"Wealth is the total value of all economic and non-economic goods and services and is maximizated when all goods and services are, so far as is feasible, allocated to their most valuable uses"*.

[177] Ibidem, p. 99, determina o que entende por valor: *"Value is determined by what the owner of the good or service would demand to part with it or what a non-owner would be willing to pay to obtain it"*.

[178] Ibidem, p. 100.

o critério de mérito para distribuição de custos, no caso de um acidente, é a capacidade de evitar os riscos desse acidente.

Na referida teoria, portanto, o que se distribui em caso de acidentes, são encargos, mais especificamente dos custos decorrentes desses acidentes, com base no critério que avalia qual participante da relação poderia evitar ou minimizar os referidos riscos.

Três propriedades da análise econômica de Posner prejudicam a plausibilidade dessas alegações segundo Weinrib:[179]

1) A análise econômica trata as partes como sujeitas a estímulos separados, sem ligar os sujeitos participantes em uma relação jurídica unificada. Ambas as partes são envolvidas, mas por razões diversas. Assim, a retirada de dinheiro do ofensor que não tomou as preocupações devidas em função do custo, não tem vinculação com a entrega desse dinheiro ao ofendido. Esse pagamento ao ofendido é apenas um detalhe.[180]

2) A análise econômica opera independentemente de doutrinas, conceitos e instituições que caracterizam o direito privado. Assim, conceitos como nexo causal, culpa, caso fortuito e força maior são dispensáveis em favor de conceitos como eficiência.

3) A análise econômica, por ser uma teoria instrumental, ignora a distinção do direito privado como uma área específica do direito. Do seu ponto de vista, o direito privado deve ser entendido como um regime criado e desenvolvido judicialmente para a taxação e regulação da atividade ineficiente em relação aos objetivos públicos.[181]

Em vez de auxiliar e completar o direito privado, a análise econômica deturpa suas relações, apaga suas características e seus conceitos e destrói sua natureza privada, no entendimento de Weinrib.

---

[179] WEINRIB, *The idea...*, p. 47-48.

[180] Vide POSNER, *Economic...*, p.143.

[181] Corroborando essa análise assim entende Cláudio Michelon: "[...] *da adoção da concepção funcionalista segue-se que a diferença entre direito público e direito privado torna-se irrelevante. Como conseqüência, desaparece a necessidade de uma teoria da justiça que dê conta da necessidade de uma distinção entre o direito público e o direito privado. Assim, tanto a prática do direito quanto a teoria da justiça que justifica o engajamento com a prática do direito seriam unificados em uma teoria geral dos objetivos sociais almejados*". (MICHELON, Um ensaio..., p. 102)

Destarte, considerando as críticas aqui levantadas, é constatável que existem dificuldades centrais na perspectiva funcionalista: primeiro, o problema da relação entre os fins que são impostos ao direito privado e, da relação entre as ciências que impõem estes fins extrínsecos; segundo, a relação desses fins externos com o fim interno; terceiro, a justificação do direito privado como um meio necessário – não descartável; quarto, a quebra do vínculo entre as obrigações dos participantes da relação jurídica; quinto, a impossibilidade de justificar a autonomia do direito privado em relação ao direito público e; finalmente, sexto, a deturpação dos conceitos do direito privado.

Considerando essas dificuldades, uma outra concepção rival, já aqui denominada de formalismo, entende que as referidas dificuldades estão centradas exatamente na imposição de elementos (fins) externos ao direito privado e, que a racionalidade do direito privado só pode ser apresentada numa perspectiva interna em que essa racionalidade depende de fins internos que possam fornecer e organizar uma forma própria do direito privado.

2.1.3. O formalismo jurídico

Da mesma maneira que se procedeu à identificação da concepção funcionalista, será iniciada a análise da concepção formalista. Assim, sabidamente, o formalismo tem sua ideia[182] central vinculada ao termo "forma". Contudo, assim como a palavra "função", a palavra "forma" tem sentidos variados, cabendo ser delimitado o sentido de "forma" que está vinculado à ideia do formalismo.

O sentido do vocábulo "forma", como já referido na parte introdutória, é aquele ligado à causa formal do pensamento aristotélico. Nessa senda, é interessante trazer à baila um conceito inicial apurado sobre forma como causa formal:

> A causa formal é, como dissemos, a forma ou *essência* das coisas: a alma para os viventes, determinadas "*relações*" para as diversas figuras geométricas (para o

---

[182] Novamente, é mister esclarecer que a utilização do termo ideia está vinculada à teoria formalista na medida em que a própria obra que serve de referência define a teoria no plano ideal. (WEINRIB, *The idea...*)

círculo, por exemplo, é o fato de ser o lugar eqüidistante de um ponto chamado centro), a "*estrutur*" particular para os diferentes objetos de arte e, assim por diante.[183]

De posse deste sentido genérico de forma – essência, relações e estrutura –, cabe iniciar a descrição do formalismo jurídico de Weinrib. O formalismo jurídico proposto pelo doutrinador canadense leva a um entendimento interno do direito privado, ao buscar a estrutura essencial – ideal portanto – das relações jusprivatistas, unindo as ideias de caráter, tipo e unidade (*character, kind, unity*):[184]

1) Caráter – refere-se às características essenciais do direito;

2) Tipo – refere-se ao direito privado como sendo um fenômeno típico, distinto de outros modos de ordenamento jurídico.

3) Unidade – necessária para elucidar a natureza da coerência necessária à análise da relação de direito privado.

A conjunção dessas ideias sob o nome de formalismo jurídico constitui para Weinrib uma única abordagem integrada do entendimento jurídico.

Nesse sentido, Weinrib cita Unger[185] para demonstrar que o formalismo apresenta a possibilidade de um método de justificação jurídica que consiste em um modo de racionalidade próprio. Assim, essa distinta racionalidade é imanente no material legal no qual opera e esse material mostra, embora sempre imperfeitamente (pois dependente da positivação), uma ordem moral inteligível. Disso, constata-se que o formalismo expressa a possibilidade de uma "racionalidade moral imanente"[186] própria do direito privado. Essa racionalidade imanente seria consequência de uma forma própria do direito privado.

Além da racionalidade própria imanente, é importante notar, segundo Weinrib, que o formalismo é uma noção integrativa. A racionalidade, imanência e normatividade, que caracterizam o direito na visão formalista, não são atributos separados combinados contingentemente, mas aspectos mutuamente conectados de uma única estrututa complexa que reflete a forma do direito privado. O

---

[183] REALE, Giovanni. *Ensaio introdutório*: metafísica de Aristóteles. Tradução Marcelo Perine. São Paulo: Loyola, 2001, p. 54.

[184] WEINRIB, *The idea...*, p. 22.

[185] UNGER, Roberto Mangabeira. The critical legal studies movement. *Harvard Law Review*, vol. 96, n. 3, jan. de 1983, p. 571.

[186] Ibidem.

formalismo não demonstraria a simples união das características supracitadas, mas sua mútua dependência e interrelação na compreensão do direito privado.

Na visão formalista,[187] a unidade básica da análise formalista é a relação jurídica. Assim, a forma das relações de direito privado é caracterizada por uma conexão de uma pessoa à outra em todas as suas dimensões, nos mesmos moldes apresentados por Kant através da conexão entre os arbítrios, ou ainda, das relações objetos da justiça corretiva aristotélica. Nesses termos, todos os institutos, casos, regras, *standards*, doutrinas, princípios, conceitos e processos relativos ao direito privado estabelecem essa conexão entre os participantes de uma relação jurídica de direito privado.

Para o formalismo, essas relações jurídicas são o fenômeno jurídico, ou melhor, pode-se delimitar como o substrato de realidade sob as quais opera a forma racionalizada no plano ideal. É possível afirmar, portanto, que as relações jurídicas são a causa material do direito privado. Resta evidente, por conseguinte, que o formalismo tem por foco o direito ideal, universal, que, segundo Kant, é da alçada dos filósofos, eis que objetiva a sabedoria respeitante a uma forma ideal de direito (quid jus) e não com a solução do caso concreto (*quid juris*), como já demonstrado anteriormente, na análise da teoria kantiana.

Destarte, o jurídico, para o formalismo,[188] não é o legal do ponto de vista de seu status, ou de sua previsão no direito positivo (direito público kantiano), mas sua inteligibilidade dentro de um conjunto normativo internamente coerente e racional por deter um fim próprio. Nesse sentido, como analisado quando da explicitação do entendimento de Kant[189] sobre o direito, o jurídico, na visão formalista, está ligado a uma ideia decorrente da razão humana, não de um conjunto de normas positivadas pela atividade política concretizada numa dada legislação particular. O direito positivo

---

[187] WEINRIB, *The idea...*, p. 24.

[188] Ibidem, p. 25.

[189] "*Por tanto, la ley universal del derecho: obra externamente de tal modo que el uso libre de tu arbitrio pueda coexistir con la libertad de cada uno según una ley universal, ciertamente es una ley que me impone una obligación, pero que no espera en modo alguno, ni mismo aun exige, que deba yo mismo restringir mi libertad a esas condiciones por esa obligación, <u>sino que la razón sólo dice que está restringida a ello</u> en su idea y que también puede ser restringida por otros de hecho ...*". (KANT, *La metafísica...*, p. 40. grifo nosso)

(público segundo Kant), do estado civil vem para confirmar o que a razão (direito privado kantiano) já exigia no estado de natureza.

Para explicar a qualidade jurídica de relações, por conseguinte, o formalismo de Weinrib está focado em uma estrutura interna decorrente da razão. O formalismo busca entender os componentes de uma relação jurídica e como eles se relacionam reciprocamente formando uma totalidade.

O formalismo jurídico procura entender a relação jurídica de direito privado como uma totalidade de elementos organizados por uma estrutura racional. Assim, o formal – como razão pura prática – tem prioridade sobre o material.[190] O formalismo não está direcionado ao material – ao plano fático de relações jurídicas particulares, à solução do caso concreto –, mas, sim, à elucidação do princípio organizacional interno de uma relação jurídica (ao universal, ideal).

Desse foco na forma, decorrente da razão, é possível estabelecer a diferença entre o direito e a política. O formalista, como Weinrib salienta,[191] ainda que não negue que o jurídico tem antecedentes e efeitos políticos, sustenta que o aspecto especificamente jurídico desses arranjos reflete considerações formais que são em algum sentido, anteriores aos julgamentos políticos sobre o que é materialmente desejável.

Para tanto, é interessante destacar que a forma, no pensamento grego clássico, segundo Weinrib,[192] define o que alguma coisa é e determina o que esta coisa não é, tornado-a inteligível. Assim, três aspectos estariam interrelacionados no conceito de forma como acima destacado:

1) O entendimento pela forma considera a coisa como tendo um certo *caráter*. O caráter é o conjunto de características que tornam possível definir a coisa como ela é. A forma da coisa possibilita a determinação da características que são inerentes à coisa e aquelas que são acidentais;

---

[190] Apesar de Weinrib usar o termo *substantive*, esta não pode ser considerada a maneira mais adequada, pois, no contexto clássico, principalmente aristotélico, a substância pode ser entendida como forma, como matéria ou, inclusive, como a união das duas causas (*sínolo*). Nesse sentido, REALE, Giovanni: "*Assim o desenho da usologia aristotélica se mostra plenamente determinado. Substância em sentido impróprio é matéria; num segundo sentido, mais próprio, é sínolo; num terceiro sentido e, por excelência, é forma*". (REALE, Ensaio..., p. 102)

[191] WEINRIB, *The idea...*, p. 25.

[192] Ibidem, p. 26-27.

2) A forma é um meio de classificação. A forma faz de algo não apenas a coisa que é, mas também viabiliza a classificação da coisa em relação a outras do mesmo tipo;

3) A forma é um princípio de unidade, pois é uma ideia que elucida a organização da coisa como uma entidade unificada.

Diante desses aspectos, Weinrib[193] entende que a forma de uma relação jurídica é o princípio de unidade que dá à relação jurídica seu caráter, classifica-a com as relações que têm o mesmo caráter, e a distingue das que têm um caráter diferente.

Nesse contexto, cada uma das três ideias da inteligibilidade formal – caráter, tipo e unidade – é aplicável às relações jurídicas. O caráter de uma relação jurídica é dado pelo conjunto de características que são próprias, na concepção de Weinrib[194] da relação jurídica como a personificação de um modo distinto de ordenamento. No caso do direito privado, essas características incluem a ligação direta dos participantes de uma relação jurídica, correlatividade entre direito e dever e a personalidade desses participantes.

2.1.3.1. A coerência

A unidade de uma relação jurídica está centrada, conforme Weinrib,[195] na necessária coerência,[196] pois uma relação juridicamente inteligível não consiste em um conjunto de elementos casualmente reunidos. Como destacado, entre as três ideias da inteligibilidade formal, a da unidade seria a primordial, eis que é ela que estabelece a diferenciação entre o direito privado e os outros ramos do direito. Os diferentes princípios de unidade estabelecem os diferentes tipos de relações jurídicas e, por consequência, os diferentes ramos do di-

---

[193] WEINRIB, *The idea...*, p. 28.

[194] Ibidem, p. 28.

[195] Ibidem, p. 29.

[196] A importância central do papel da coerência no formalismo de WEINRIB pode ser também explicitado na seguinte passagem: "*The juridical conception views the determination of liability as a distinctive domain of practical reason that subjects the interaction between the plaintiff and the defendant to a <u>coherent</u> ordering. Because legal argument attests to the law's self-reflective engagement with its own <u>coherence</u>, the principles and concepts already present to tort law can provisionally be regarded as constituents of that ordering. Drawing on the law's own efforts, the juridical conception of corrective justice attempts to exhibit the normative ideas interior to a <u>coherent</u> regime of liability*". (WEINRIB, Ernest J. Correlativity, personality, and the emerging consensus on corrective justice. *Theoretical Inquiries in Law*, v. 2, n. 1, jan. 2001, article 4, p. 4)

reito. Nesses termos, as relações jurídicas de direito privado teriam um princípio de unidade (característico de sua forma) diverso da relações jurídicas no âmbito do direito público.

Assim, ao tratar do papel da coerência, Weinrib[197] salienta que as características que determinam o caráter de relações jurídicas são conceitos legais, doutrinas e princípios. A coerência exige uma conexão interna entre as várias características relacionadas. Por conseguinte, para uma relação jurídica ser coerente, as características que a compõem precisam estar juntas não através de algo externo a elas, mas porque elas são conceitualmente conectadas de um modo íntrinseco e necessário.

Para o formalismo, portanto, não basta a presença de certas características essenciais. É imprescindível que essas características estejam relacionadas de maneira coerente segundo a própria forma e seu princípio de unidade dos elementos. Como já destacado, o que dá unidade e define a causa formal é a causa final.[198]

A Coerência, para Weinrib,[199] é a reunião em uma única e integrada justificação de todas as considerações justificatórias que pertençam a uma relação jurídica. A coerência é mais que a ausência de inconsistência ou contradição, pois as características de uma relação jurídica são coerentes quando suas justificações não meramente coexistem na relação, mas formam um conjunto justificatório integrado. Assim, existe uma razão única que dá coerência a todas as características.

Quanto à unidade, as características que são unidas são inteligíveis apenas através do todo integrado que elas formam como um conjunto. A totalidade, como já salientado, dá significado para seus elementos constituintes, que não são inteligíveis quando isolados. A unidade que garante a coerência, portanto, é intrínseca à relação jurídica.[200] As características não são independentes umas das outras e compreensíveis isoladamente. A conjunção das características em um único fenômeno não surge de uma operação separada e ex-

---

[197] WEINRIB, Correlativity, p. 29.

[198] Cabe reiterar o pensamento de Gordley lembrando Tomás de Aquino: *"Acoording to Thomas, the essence of an action is defined by the end for which it is performed. In that respect, an action is like a man-made thing such as a couch or a house. Such things are defined by the ends for which they are made"*. (GORDLEY, *The philosophical...*, p. 21)

[199] WEINRIB, *The idea...*, p. 32.

[200] Ibidem, p. 34.

trínseca sobre elas como na teoria de Posner. Sua unidade não é acidental, ou seja, não dependente de elementos externos variáveis.

As concepções de unidade intrínseca e acidental são fundamentais para o entendimento do formalismo, pois, como demonstra Weinrib,[201] trazem diferentes entendimentos do papel do direito positivo. Na concepção intrínseca (formalista), o papel do direito positivo é tornar explícita a conexão justificatória já implícita dada pela razão na relação entre as características, como acontece na doutrina kantiana na relação entre estado de natureza (no qual é pensado o direito privado kantiano) e estado civil (no qual é aplicado o direito público).[202] De outra banda, na concepção acidental (funcionalista), o direito positivo é a força externa que determina a combinação das características, em função de fins externos, cujas justificações são desconectadas. Assim, a questão de definição dos fins é de extremo relevo para a definição da forma seja centrada na justiça corretiva ou na justiça distributiva.

A coerência, para o formalismo, significa a unidade intrínseca das características que coexistem em uma relação jurídica de direito privado. Quando essas características têm por princípio de unidade um elemento externo acidental (contingente em função de definições políticas sobre bens econômicos ou sociais), não se está diante de uma relação jurídica de direito privado.

Tal concepção de coerência e de unidade envolvendo uma justificação singular integrada tem um porquê específico para as relações de direito privado para Weinrib, pois a relação se estabelece no direito privado entre duas partes particulares, dois participantes da relação – ofensor/ofendido, contratante/contratado, enriquecido/empobrecido –, nem mais nem menos, a relação precisa tornar inteligível a conexão entre essas duas partes.[203] Em termos kantia-

---

[201] WEINRIB, *The idea...*, p. 34.

[202] Kant assim ensina: "*En una palabra: el modo de tener algo exterior como suyo en el estado de naturaleza es la posesión física, que tiene para sí la presunción jurídica de poder convertilo en jurídico al unirse con la voluntad de todos en una legislación pública, y vale en la espera como jurídica por comparación*". (KANT, *La metafísica...*, p. 71)

[203] Nesse mesmo sentido, Weinrib assim preceitua: "*Liability is a fair and coherent phenomenon only to the extent that the justifications that support it in a given case simultaneously embrace both parties as correlatively situated. Then a reason for considering the defendant to have done an injustice is also a reason for considering the plaintiff to have suffered that injustice*". (WEINRIB, Ernest J. Punishment and disgorgement as contract remedies. *Theoretical Inquiries in Law*, v. 2, n. 1, jan. 2001, article 4, p. 59)

nos, o direito deve moldar a relação de maneira a limitar racionalmente os arbítrios dos participantes da relação. A razão para que a justificação de uma relação de direito privado seja coincidente com a relação formal é que a coerência é incompatível com a presença de considerações justificatórias independentes no tratamento aos participantes.

Caso a força normativa independente da justificação interna abarcasse partes adicionais, seria preciso, uma segunda consideração justificatória para restringir sua aplicação às partes da relação. Assim, se a força normativa da justificação se aplica a apenas uma das partes (poder do ofensor, por exemplo), seria necessário uma segunda consideração que se aplique à outra parte. Nem a presença nem a ausência da segunda consideração é satisfatória. Se a segunda consideração está ausente, a relação não foi justificada e, se ela está presente, a justificação é composta por elementos mutuamente independentes, então a justificação para o nexo específico é incoerente, como salienta Weinrib.[204]

A coerência, finalmente, tem um papel detacado na ideia de direito privado de Weinrib: "As an integrative notion that connects both the defendant to the plaintiff and the remedy to the right, corrective justice sees internal coherence as private law's ultimate animating principle".[205] Contudo, ela, tão somente, não é capaz de estabelecer qual a forma das relações jurídicas de direito privado, sendo necessária a compreensão de dois outros conceitos nucleares para o formalismo: correlatividade e personalidade.

2.1.3.2. A correlatividade

A correlatividade (correlativity) tem por objeto demonstrar que a obrigação imposta ao devedor é sempre uma obrigação em relação ao credor. A obrigação consiste numa relação jurídica entre duas partes, cada uma em posição inteligível somente em relação à posição da outra. Ao determinar que um devedor é obrigado em relação a um credor, o juízo não está fazendo dois julgamentos separados (um que concede algo ao credor e outro que retira algo do devedor), mas um único julgamento que envolve ambas as partes

---

[204] WEINRIB, Punishment..., p. 35/36.

[205] Idem, Restitutinary damages as corrective justice. *Theoretical Inquiries in Law*, v. 1, n. 1, jan. 2000. article 2. p. 5.

em uma relação interligada. O crédito do credor é sempre o mesmo débito do devedor como já explicitara Kant. O direito subjetivo é um reflexo do dever. O devedor não pode ser pensado como obrigado sem referência a um credor, em favor do qual tal obrigação funciona. Da mesma maneira, como para Kant, o direito do credor existe somente relacionado ao dever correlato do devedor.[206] [207] O que um ganha ilicitamente corresponde exatamente ao que o outro perde em termos normativos (de arbítrio) e o ganho a ser retirado do devedor, portanto, é exatamente o que falta para ressarcir o credor.[208]

Com efeito, é possível notar a referida correlação na própria origem da palavra "obrigação" herdada da latina *obligatio*. Como ensina Sebastião Cruz ao tratar do Direito Romano:

> A este ato de o credor ligar, geralmente de pés e mãos, o responsável (o vinculado) chamava-se ligare e sobretudo obligare (ob+ligare=ligar à volta de), porque se davam bastantes voltas. Desse vínculo material (ob+ligatio) provém a obrigação (obligatio), que, mais tarde no Direito Romano e também agora, é apenas um vínculo (sempre um vínculo) jurídico.[209]

Tendo por base um vínculo, por conseguinte, é necessário que esse vínculo se estabeleça numa relação entre no mínimo duas pessoas, pois não se pode pensar um vínculo de uma só pessoa. Nesse sentido, a forma da relação jurídica obrigacional é sempre bipolar.[210]

A determinação de uma reparação pelos tribunais é a resposta a um ilícito que, portanto, tem a mesma forma correlativa da pró-

---

[206] Assim Weinrib ensina a correlatividade em termos kantianos: "*The specific form of correlativity within Kantian right is that of right and duty. The requirement that one's action be consistent with the other's freedom means that every actor is obligated not to violate the rights of the others. In Kant theory, rights are the juridical manifestations of the freedom inherent in sel-determining agency. An act is consistent with another's freedom when it is compatible with that person's right*". (WEINRIB, The idea..., p. 122)

[207] O ensinamento de Pontes da Miranda é perfeito nesse sentido: "*Os direitos são apenas os próprios deveres do lado ativo ..., tanto quanto a linha ab é a mesma linha ba e a minha caneta é a mesma, quer a ponha diante dos olhos com a pena voltada para mim, quer a dirija para fora. Na realidade, no dado físico, que é a relação, 'direito e dever' não se distinguem senão pelo eventual valor de fixação no espaço; [...]*". (PONTES DE MIRANDA. Tratado de direito privado. 3. ed. Rio de Janeiro, 1972, v. 53: Parte Especial, p. 12)

[208] Ibidem, p. 115/116.

[209] CRUZ, Sebastião. Direito romano. 4. ed. Coimbra: DisLivro, 1984, v. 1, p. 189.

[210] WEINRIB, The idea..., p. 120.

pria obrigação. Propondo uma ação contra o devedor, o credor está afirmando que estão conectados como lesante e lesado do mesmo ato ilícito. Como é evidenciado pela correção simultânea dos julgamentos de ambos os lados da ilicitude, o ilícito cometido pelo devedor e o dano sofrido pelo credor da obrigação não são itens independentes. Pelo contrário, são os pólos ativo e passivo da mesma obrigação, de modo que o devedor é considerado obrigado somente pelo fato que o credor sofreu um dano decorrente de um ato ilícito. Cada posição das partes é normativamente significativa somente com relação à posição da outra.[211]

Tal correlatividade (correlativity) figura na maneira com que a doutrina do direito obrigacional constrói as relações obrigacionais, vez que a obrigação trata as partes como credor e devedor do mesma obrigação. O direito obrigacional elabora as categorias legais que refletem a singularidade da relação obrigacional de maneira bipolar e, consequentemente, na unidade da relação entre o credor e o devedor. Destarte, trata o ato ilícito cometido pelo devedor (ofensor) como a parte de uma sequência normativa unificada que inclua o efeito (dano) do ilícito ao credor (ofendido). Assim, as categorias que o dircito aplica envolvem as partes e constroem uma ponte sobre a abertura temporal entre o ato ilícito e o dano através da relação de causa efeito característica do nexo causal.[212]

Assim, desde que o ofensor, se responsável, cometeu o mesmo ilícito que o ofendido sofreu, a razão pela qual a vítima vier a receber deve ser a mesma razão pela qual o ofensor vier a perder, daí extraise a ideia que define o elemento central da responsabilidade, o nexo causal.[213] Especificando a natureza do ato ilícito, os únicos fatores normativos a serem considerados significativos são aqueles que se

---

[211] WEINRIB, *The idea...*, p. 125-126.

[212] Ibidem, p. 169-170, assim conclui: *"One sense is that negligence law constructs a conceptual bridge over the gap – both temporal and (one might suppose) moral – between doing and suffering. Negligence law sets the failure exercise reasonable care and the causation of injury as the termini of the juridical relationship"*.

[213] Vide Mazeaud, Mazeaud e Tunc, p. 2: *"En efecto, el buen sentido impone la existencia de un vínculo de causalidad. El autor de una culpa no puede tener que reparar, evidentemente, sino los perjuicios que sean la consecuencia exclusiva de esa culpa. Nadie piensa en reclamarle el abono de daños y perjuicios a una persona que nada ha tenido que ver con la realización del perjuicio sufrido"*. (MAZEAUD, Henri; MAZEAUD, León; TUNC, André. *Tratado teórico y prático de la responsabilidade civil delictual y contractual*. Traducción Luis A. Castillo, Buenos Aires: Ediciones Jurídicas Europa-América, 1977, t. 2, v. 2, p. 2)

aplicam igualmente a ambas as partes. Um fator que se aplique a somente uma das partes – por exemplo, o ofensor ter um grande patrimônio – é uma justificação imprópria para a responsabilidade porque é inconsistente com natureza correlativa da responsabilidade. As considerações normativas que refletem a situação correlativa das duas partes ajustam os termos para sua interação que fazem o exame de seu relacionamento mútuo e, são, consequentemente, justas a ambas.

Cumpre salientar, nesse aspecto, que a análise original de Aristóteles contrasta a correlatividade da justiça corretiva com a estrutura categoricamente diferente da justiça distributiva. A justiça corretiva liga o credor e o devedor de uma injustiça nos termos de suas posições correlativas. A justiça distributiva, por outro lado, como já demonstrado, trata de distribuir um benefício ou um ônus e envolve comparação das partes potenciais à distribuição nos termos de um critério distributivo. Em vez de ligar uma parte à outra, como credor e devedor, a justiça distributiva liga todas as partes ao benefício ou ao ônus que todos dividem.

A distinção entre a correlatividade e a comparação da justiça distributiva é certificada pela diferença já apresentada no primeiro capítulo entre o número de partes que cada uma admite. A justiça corretiva liga duas partes (dois pólos, credor e devedor) e nada mais, pois um relacionamento de correlatividade é necessariamente bipolar. A justiça distributiva admite qualquer número de participantes,[214] vez que nenhum limite existe para o número de pessoas (sujeitos passivos de uma distribuição) que podem ser comparadas e entre as quais algo pode ser distribuído.[215]

A consequência do contraste de Aristóteles entre a justiça corretiva e a distributiva é que nenhuma consideração distributiva pode servir como uma justificação para manter uma pessoa obrigada à outra. As obrigações, segundo o formalismo, tem uma forma (causa formal) bipolar, entre credor e devedor, pois se trata de um vínculo dessa natureza. Para a finalidade de justificar uma obriga-

---

[214] Nesse aspecto, salienta Richard W. Wright: *"Distributive justice claims are multilateral. To determine the resources to which a person is entitled as a matter of distributive justice, we must know both the total amount of resources that exist in the community and the person's relative ranking according to the distributive criterion in comparison with all others in the community"*. (WRIGHT, Richard W. Right, justice and tort law. In: Philosophical foundations of tort law, New York: Oxford University, 2001, p. 177)

[215] Vide primeiro capítulo (1.1.3), a justiça distibutiva e a justiça corretiva.

ção, a justiça corretiva é independente e oposta à justiça distributiva, pois a ideia de correlatividade traz à tona uma estrutura formal de justificação dependente da conexão que a obrigação estabelece entre credor e devedor, entre dever e direito, pois sabidamente a obrigação consiste no vínculo jurídico pelo qual uma pessoa (credor) pode exigir de outra (devedor) uma prestação.[216] Assim, todas as considerações sobre a obrigação devem estar relacionados ao vínculo, e não somente a uma das partes.

A natureza correlativa do direito obrigacional mostra que méritos e necessidades são virtudes que podem ser relevantes em outros contextos, mas não são pertinentes à relação obrigacional. Pode fazer sentido, apenas, na análise distributiva dividir benefícios ou ônus com base na comparação de méritos ou necessidades. O mérito e a necessidade, entretanto, não conectam duas pessoas particulares correlativamente situadas, como necessário na relação obrigacional entre credor e devedor.

Os fatores de mérito ou necessidade não possuem uma estrutura correlativa. Assim, a carência de bem-estar pode justificar uma redistribuição que transfira recursos daqueles que têm mais àqueles que têm menos. Tal redistribuição, entretanto, opera-se com uma comparação do bem-estar de muitas partes, mais do que com o vínculo correlativo de duas partes que caracteriza a obrigação. Assim, a obrigação não é o instituto adequado para redistribuição, pois, caso sirva para tal finalidade, terá desvirtuada a sua estrutura básica, ou melhor, sua causa formal.

Para o direito obrigacional, os fatores justificadores elementares da correlatividade são, para os credores, o direito subjetivo e, correspondentemente, para os devedores, os deveres. A concepção jurídica da justiça corretiva considera a injustiça como consistindo no ato do devedor que é incompatível com um direito do credor. Direitos e deveres são correlativos quando os direitos dos credores são a base dos deveres dos devedores e, inversamente, quando o espaço do dever inclui o tipo do direito infrigido do credor. Sob essas circunstâncias as razões que justificam a proteção dos direitos do credores são as mesmas que justificam a existência de deveres dos devedores. De outra banda, quando o devedor rompe um dever

---

[216] Preciso o conceito de obrigação de DERNBURG, Diritto delle obbligazioni, § 1°, p. 1, *apud* SERPA LOPES, *Curso de...*, p. 11: "*relações jurídicas, consistentes num DEVER DE PRESTAÇÃO, tendo valor patrimonial, do devedor ao credor*".

que não seja a base dos direitos do credor, nenhuma responsabilidade segue sob a concepção jurídica do direito obrigacional, porque se isso acontecer, a razão para ganhar do credor não será a mesma que a razão para perder do devedor.

2.1.3.3. A personalidade

A concepção de personalidade deve ser aqui tratada no modo específico apresentado por Weinrib,[217] que, seguindo a tradição kantiana,[218] entende-a ligada aos seres racionais como único fim absoluto da moral e, consequentemente, do direito:

> Rational beings, on the other hand, are called persons because their nature already marks them out as ends in themselves – that is, as something which out not to be used merely as means – and consequently imposes to that extent as a limit on all arbitrary treatment of them (and is an object of reverence). Persons, therefore, are not merely subjective ends whose existence as an object of our actions has a value for us – they are objective ends – that is, things whose existence is in itself an end, and indeed an end such that in its place we can put no other ends to which they should serve simply as means; for unless this is so, nothing at all absolute value would be found anywhere. But if all value were conditioned – that is, contingent – then no supreme principle could be found for reason at all.[219]

Assim, a personalidade para Kant, ao mesmo tempo que abstrai o ser humano através da figura da pessoa, determina esta pessoa como o único fim moral absoluto, ou seja, como já demonstrado no capítulo anterior, garante-lhe dignidade, consistente na máxima de tratar as pessoas como fins em si mesmas e não como meios para fins diversos.[220]

---

[217] Ver especificamente: WEINRIB, Correlativity..., p. 13 et seq.

[218] Kant define a personalidade como *"a liberdade e independência do mecanismo de toda a natureza, considerada ao mesmo tempo como faculdade de um ente submetido as lei peculiares, a saber, as leis práticas puras dadas por sua própria razão; porquanto a pessoa enquanto pertencente ao mundo sensorial está submetida a sua própria personalidade, na medida em que ela pertence ao mesmo tempo ao mundo inteligível; não é de surpreender então que o homem enquanto pertencente a ambos os mundos tenha de considerar seu próprio ente, em relação a sua segunda e mais alta destinação, com veneração e as leis da mesma com o máximo respeito"*. (KANT, Crítica..., p. 305)

[219] KANT, Immanuel. *Groundwork of the metaphysic of morals*: in focus. New York: Routledge, 2002, p. 56-57.

[220] Nesse sentido, KANT, Crítica..., p. 305-307: *"somente o homem, e com ele cada criatura racional, é fim em si mesmo. Ou seja, ele é o sujeito da lei moral, que é santa em virtude da autonomia de sua liberdade ... Com razão atribuímos essa condição até a vontade divina em relação aos entes racionais no*

Somado a essa posição central da pessoa, Kant ainda estabelece essa pessoa como um ente dotado de liberdade, eis que racional. Através da racionalidade, o homem exerce o seu arbítrio, que pode ser racional e, portanto, conforme à boa vontade (perfeita) ou pode ser irracional e desconforme à boa vontade.

Contudo, na vida em sociedade, o direito deve delimitar externamente os arbítrios, de modo que a figura da pessoa é fundamental para definir a forma pela qual os arbítrios podem conciliar-se mantendo a liberdade.[221]

De tal sorte, a capacidade intencional vinculada ao livre-arbítrio – sem consideração às finalidades particulares – define a concepção ideal de pessoa que fundamenta o direito privado.[222] Essa concepção abstrata do ser humano é o que a tradição do direito natural chamou "personalidade". A personalidade contém o que o ser humano tem de essencial, sua liberdade decorrente de sua capacidade de formar intenções racionais, ou seja, capacidade de direcionar o arbítrio para o racional, preservando assim o arbítrio do outro e consequentemente o Direito.[223] E justamente essa capacidade torna o ser humano imputável pelos efeitos de seus atos.

Weinrib, entretanto, pouco destaca esta característica do conceito de pessoa como uma forma de fixar a dignidade da pessoa humana, pois ele centra sua análise na personalidade que reflete a capacidade para a ação intencional que dá forma e base para a capacidade para direitos e deveres.[224] A personalidade determina o

---

mundo, como criaturas, na medida em que ela se funda sobre a personalidade dos mesmos, pela qual, unicamente, eles são fins em si mesmos".

[221] KANT,.La metafísica..., p. 39.

[222] Kant assim preceitua: "[...] *en esta relación recíproca del arbitrio no se atiende en absoluto a la materia del arbitrio, es decir, al fin que cada qual se proponen con el objeto que quiere, por ejemplo, no se pregunta si alguien puede beneficiarse tambien o no de la mercancia que me compra para su proprio negocio; sino que se pregunta por la forma en la relación del arbitrio de ambas partes, en la medida que se considera unicamente como libre, y si como ello, la acción de uno de ambos puede conciliarse con la libertad del outro según una ley universal".* (KANT, *La metafísica...,* p. 38-39)

[223] *"A personalidade surge como representação do sujeito [...] A personalidade é algo de visto dentro da floresta, para usar a imagem mais concreta; fora, tudo é relação, objetivo. Quando se define o sujeito de direito, tem-se de pensar na pesquisa principium individuationis. É o subjetivismo, que segura a candeia para se ver o dado. Se o homem se acostuma à análise das relações, ao objetivismo, pode corrigir o seu erro e ver no que vê o que os olhos mostram e o que ele explica. É a ciência".* (PONTES DE MIRANDA, *Tratado de...,* v. 53, p. 11)

[224] Neste sentido, Weinrib reduz a noção de personalidade à capacidade intencional, deixando o principal do conceito – dignidade da pessoa – para um segundo plano.

ponto de vista normativo, visualizando as partes como tendo seus direitos e, como sendo sujeita a seus deveres eis que seres dotados de capacidade de formar uma intenção racional (livre-arbítrio). Os direitos e os deveres, em um regime coerente obrigacional, determimam a ação possível para um ser racional sujeito ao Direito e especificam as manifestações da personalidade nas partes de um relacionamento jurídico.[225]

Nesses termos, para Weinrib, tendo em vista que a personalidade significa a capacidade para a intencionalidade racional, sem consideração às finalidades particulares, nenhuma relação obrigacional existe para exercitar essa capacidade em relação a qualquer necessidade particular,[226] como Kant já enunciava.[227] Todos os deveres que refletem a personalidade são, por conseguinte, os correlatos negativos dos direitos, pois estão mutuamente delimitados pela possível ação racional. Tais direitos são perceptíveis tanto que a capacidade para a ação intencional vinculada à razão não é meramente um atributo interno da pessoa, mas configura-se na existência externa em interações sociais com seu exercício por um agente.

Dentre esses direitos subjetivos, Weinrib entende que se inserem todos os direitos da personalidade, tais como o direito à integridade do corpo (como o órgão da atividade intencional), o direito à propriedade nas coisas conectadas apropriadamente a uma manifestação externa volitiva dos proprietários e, dentre outros, o direito de contratar de acordo com o consenso mútuo exercido pela intencionalidade das partes.[228]

---

[225] Ver especificamente: WEINRIB, Correlativity..., p. 16.

[226] *"Accordingly, the law regards a right as the power to treat something as subject to one's will as a consequence of an antecedent connection that one's will has established with the thing in question. Yet the law regards as irrelevant the specific purpose that motivates the acquisition, transfer, or use. Nor does it require that the right, once acquired, be used for any particular (and arguably laudable) purposes, such as to increase the utility of all or to maximize wealth or to produce an equality of resources. Of course, the acquisition, transfer, and use of one's entitlements are fuelled by one's particular needs, interests, and desires, but the law pays these no heed when determining the entitlements' validity. The law responds merely to the external indicia of an exercise of purposiveness, rather than to a schedule of required or desirable purposes"*. (Ibidem, p. 15-16)

[227] Vide item 1.2.2.

[228] WEINRIB, op cit., p. 16.

A personalidade é a abstração que captura a concepção de pessoa pressuposta nas justificações apropriadas ao relacionamento entre as partes da relação jurídica obrigacional. A correlatividade do fazer e do sofrer uma injustiça significa esse bem-estar como tal. Se não é estruturado correlativamente, portanto, não serve como a base de uma relação jurídica obrigacional. De tal sorte, a ação das partes não pode ser considerada nos termos da importância do bem-estar que lhes é proporcionado, mas, contrariamente, a interação das partes pressupõe uma concepção de pessoa em que o fazer e o sofrer têm relevância perante o ordenamento jurídico por causa de seu relacionamento ao outro, ou seja, o que é racional nas relações em sociedade. A personalidade possibilita essa concepção de pessoa e a necessidade de determinadas ações limitadas pelo racional, segundo Weinrib.[229]

A personalidade, portanto, fornece a ideia indispensável do sujeito de direitos e deveres numa relação jurídica obrigacional, pois, para o que comete o ilícito, a personalidade configura a capacidade para a intencionalidade racional que contém as condições indispensáveis para o entendimento da responsabilidade decorrente dos efeitos da ação de alguém que poderia seguir a razão. Por outro lado, para o que sofre a injustiça, a personalidade é a base dos direitos que delimitam uma esfera que outros devam tratar como inviolável,[230] pois relativa ao espaço de liberdade e de dignidade de cada ser humano. A ilicitude, nesse compasso, ocorre quando a ação de uma pessoa é irracional e, por conseguinte, inconsistente com os direitos das outras pessoas, ou ainda, a ação de uma pessoa é inconsistente com o seus próprios deveres, pois a relação entre direitos e deveres é necessária em decorrência da correlatividade já mencionada no ponto anterior.

A personalidade tem sua importância, assim, na interação somente em um correlativo de direitos e deveres e não em uma modalidade comparativa, afirma Weinrib.[231] A personalidade é a abstração que demonstra que o ato ilícito cometido e sofrido está unido à violação de um direito e à não observância de um dever ambos vinculados

---

[229] WEINRIB, Correlativity..., p. 17.

[230] Com efeito, numa interpretação estritamente kantiana, a delimitação que a concepção de personalidade possibilita é a de arbítrios, ou seja, o arbítrio de um em relação ao arbítrio de outro determinado pelo Direito puramente racional.

[231] WEINRIB, Correlativity..., p. 17.

a um limite dado pela razão. Por conseguinte, não é qualquer dano ou desvantagem que configura um ilícito para a estrutura da justiça corretiva. Simplesmente, o fazer e o sofrer algo que prejudique alguém não são significativos, pois o que é feito e sofrido deve também configurar um ilícito, mais especificamente um ilícito decorrente da violação de um direito e a respectiva não observância de um dever, ou melhor, o feito e o sofrido devem ser contrários ao limite racional dado pelo Direito para a relação.

A personalidade possibilita o entendimento desse tipo de ilícito apresentando uma concepção das partes para cujo *status* normativo, o bem-estar não importa, a não ser que inserido no conteúdo de um direito subjetivo vinculado a um dever. Para as pessoas pensadas dessa maneira, ser fraco ou forte (virtuoso ou necessitado) não basta para constituir um ilícito, pois, como assinala Kant, a análise interna do sujeito é matéria da Ética e não do Direito. Assim, a personalidade é a concepção das partes formulada em um grau elevado de abstração (sujeitos livres capazes de um agir racional), que torna possível o correto entendimento da relação jurídica obrigacional como uma correlação de direitos e deveres das partes.[232]

A concepção da personalidade dá coerência através da organização e unificação das considerações relevantes ao entendimento da relação jusprivatista segundo Weinrib. A organização ocorre pelo estabelecimento do conteúdo dos direitos e dos deveres como expressões da capacidade para a intenção racional que esses pressupõem. A unificação ocorre pela demonstração da única abstração implícita na multiplicidade dos direitos e dos deveres. A personalidade atua, portanto, como uma concepção a que o raciocínio jurídico que fundamenta os vários direitos e deveres deve conformar-se se quiser atender a coerência na necessária correspondência entre direitos e deveres de uma relação jurídica no âmbito do direito privado.[233]

A atenção à personalidade traz a concepção jurídica da justiça corretiva no contato com as filosofias do direito natural de Kant

---
[232] WEINRIB, Correlativity..., p. 17.
[233] Ibidem, p. 17-18.

e de Hegel,[234] segundo Weinrib.[235] Para os referidos pensamentos filosóficos, a lei racional estruturaria o reino normativo inteiro na base das concepções de ação racional para o que a concepção de personalidade é indispensável. A concepção jurídica extrai a noção da personalidade articulada nessas filosofias.

Nesses termos, com as concepções de coerência, correlatividade e personalidade, é possível a compreensão adequada das relações obrigacionais como relações entre pessoas (abstração vinculada à concepção de personalidade como capacidade intencional racional) que são configuradas por direitos e deveres que estabelecem limites racionais entre os arbítrios (entre as liberdades) de maneira correlativa, em que o direito de um é o espelho do dever do outro através de uma estrutura coerente que tem por fim único a dignidade da pessoa humana e a consequente igualdade dessas pessoas como dignidades.[236]

Contudo, o declínio da teoria do Direito Privado não ocorreu em função do declínio de uma concepção totalmente formal? Qual a relação entre o direito ideal e o direito positivo?

Para responder a tais perguntas, é mister apresentar uma consideração de Aristóteles:

> Mas não devemos olvidar que a matéria que é objeto de nossa investigação é, qualificadamente, a justiça no sentido absoluto e a justiça política. Justiça política quer dizer justiça entre pessoas livres (real ou proporcionalmente) e iguais que vivem uma vida em comum com a finalidade de satisfazer suas necessidades.

---

[234] Georg W. F. Hegel assim ressalta o conceito de personalidade: *"Praticamente, equivale a dizer que nesse povo floresce efetiva liberdade, a liberdade política; esta nasce somente onde o indivíduo por si se conhece como indivíduo, e sabe que é alguma coisa de universal e essencial; onde o indivíduo sabe que possui valor infinito, e onde o sujeito tenha alcançado a consciência da personalidade e quer por conseguinte valer simplesmente por si mesmo"*. (HEGEL, Georg Wilhelm Friedrich. *Introdução à história da filosofia*. In: HEGEL, Georg Wilhelm Friedrich. *Vida e obra*. São Paulo: Nova Cultural, 2005, p. 442)

[235] *"This is because of their apprehension that personality, with its roots in the natural rights philosophies of Kant and Hegel, implies both a philosophical claim about the truth of Kant's or Hegel's conceptions of rational agency as well as a methodological claim that tort theory is derived from a more abstract normative theory. They reject personality because they reject what they take to be these further implications"*. (WEINRIB, op. cit., p. 1-2)

[236] Cabe destacar a conclusão de Richard W. Wright nesse tocante: *"At the core of the Kantian-Aristotelian concept of Right or justice is the normative premise that commom good to which law and politics should be directed is not the meaingless pursuit of aggregate social welfare, as assumed by the utilitarian efficiency theory, but rather the promotion of the equal (positive and negative) freedom of each individual in the community"*. (WRIGHT, *Right...*, p. 181)

Conseqüentemente, entre indivíduos que não são livres e iguais, a justiça política não pode existir, porém apenas uma espécie de justiça num sentido metafórico, pois a justiça só pode existir entre aqueles cujas relações mútuas são reguladas pela lei [...][237]

Tem-se, de tal sorte, uma clara demonstração que Aristóteles, ao estudar a justiça, estava realizando um estudo no plano prescritivo, ou ainda deontológio – mas possível ao ser humano, o que o diferencia de Platão – determinando, dessa maneira, uma forma para uma comunidade justa em que todos são livres e iguais. Contudo, Aristóteles deixa claro que essa não é a única maneira pela qual a justiça é implementada diante de uma realidade que não apresenta as condições ideais de liberdade e igualdade, havendo justiça metafóricas.

Tanto Aristóteles quanto Kant[238] demonstram que, na realidade do direito positivo de cada Estado, o direito ideal deve ser uma referência a nortear a atividade política e jurisdicional, mas não

---

[237] ARISTÓTELES, Ética..., p. 149-150.

[238] Quanto à relação entre o pensamento aristotélico e o pensamento kantiano é mister a leitura de Richard Wright, que ensina que tanto Aristóteles, Tomás de Aquino e Immanuel Kant, ao tratar do Direito, preservam o valor absoluto do ser humano, podendo ser extraída a concepção de dignidade da pessoa humana, o que inviabiliza o sacrifício do bem individual em favor do bem de uma maioria:

"The fundamental moral significance of persons status as free and equal individuals, each with his or her own life to shape and live, is also emphasized by Immanuel Kant. The foundation of Kant's moral philosophy is the idea of free will or freedom, by which he did not mean unrestricted pursuit of one's desires, but rather the opposite – fully realizing one's humanity by subjecting one's actions to the universal moral law in order to free oneself from animal inclinations in opposition to that moral law. According to Kant, freedom, as well as the moral personality constituted by its possession, is an inherent defining characteristic of each rational being. The possession of free will or freedom is what gives each rational being moral worth – an absolute moral worth that is equal for all rational beings.

[...]

Aquinas's beatitudo, Finnis notes, is the same as Aristotle's eudaimonia: a 'flourishing' or 'fulfilment' of one's humanity accomplished and constituted by the 'integral directiveness of practical reason' to all the basic goods, which is 'the organizing point of individual and social choice, as something attainable (so far as is possible in one's circumstances) by one's own or our own actions as we are. It is this: virtue in action'. As with Finnis, Aquinas, and Kant, Aristotle identifies the morally significant distinguishing characteristic of a human being as the capacity to live one's life in accord with a rational principle. The highest good or happiness for a human being is activity in accord with a rational principle ('activity of soul') and in accord with complete virtue in a complete life, rather than 'some plain and obvious thing, like pleasure, wealth, or honour'. Those who treat pleasure or enjoyment as the good are 'vulgar', and a life aimed at such is 'a life suitable to beasts'. Similarly, the acquisition of wealth or property is not a good in itself, but rather is 'undertaken under compulsion' as a necessary means to an end. It is properly aimed at and limited by what is needed for a virtuous life, and it is justly

pode enquadrar plenamente esta atividade que depende da realidade social sobre a qual será aplicado. Como bem destacou Aristóteles, a justiça política é pensada para uma sociedade de seres humanos livres e iguais que têm a finalidade comum de satisfazer suas necessidades.[239]

As sociedades contemporâneas, sobretudo nos países periféricos, como o Brasil, apresentam graves restrições à igualdade e à dignidade dos indivíduos. Assim, nessas sociedades, o direito ideal, plenamente formalista, cede espaço a um direito positivo que introduz elementos distributivos na busca da referida igualdade material.

A conclusão parcial do presente trabalho, por conseguinte, é que o direito privado ideal, baseado na forma corretiva/comutativa, configura o caso central do direito privado obrigacional. O direito privado positivo, com elementos distributivos, configura o direito privado periférico e acidental.

Como salientado na parte introdutória, os casos centrais são aqueles que determinam a estrutura ideal de um objeto, enquanto os casos periféricos são aqueles que determinam uma estrutura acidental.[240]

Em que medida o direito privado de um determinado ordenamento está centrado no caso central comutativo ou no caso periférico distributivo, depende da análise empírica de cada ordenamento. Assim, o presente trabalho se propõe a estudar a responsabilidade

---

censured when it is undertaken for its own sake, as a good in itself". (WRIGHT, Richard W. The principles of justice. *Notre Dame Law Review*, v. 75, n. 1859, aug. 2000, p. 3-4)

[239] Nesse sentido, tratando da responsabilidade civil, Pontes de Miranda ensina: *"A proibição de ofender, neminem laedere, é um dos princípios fundamentais da ordem social. Mas é princípio formal, pressupõe a determinação concreta do que é meu e do que é teu, de modo que um ato pode ser ofensivo num tempo ou lugar, e não no ser noutro tempo ou lugar. O que se induz da observação dos fatos é que em tôdas as sociedades o que se tem por ofensa não deve ficar sem satisfação, sem ressarcimento. Em vez do absolutismo, tão propício aos processos racionalistas de estudo do direito, temos de assentar, mais uma vez a relatividade social e jurídica. O neminem laedere é, pois, um dêstes princípios que sintetizam a realidade formal do direito; como ao ius suum cuique tribuere e aos outros, falta-lhe o conteúdo positivo. Em todo caso, êles o pressupõe e em qualquer estágio da vida social serão inteligíveis, posto que, como as formas algébricas, só nos dêem o que pusemos dentro deles. Se nada pusermos, nada teremos, porque as abstrações servem a tudo"*. (PONTES DE MIRANDA, *Tratado de...*, p. 14-15)

[240] Reproduz-se a nota 14 acima: *"prefiero chamar casos central (es) a los estados de cosas a que se refiere un concepto teórico según su significado focal... en efecto, arroja luz sobre su estudio pensarlos (casos periféricos) como versiones adulteradas de los casos centrales, o a veces como modos de aprovecharse de actitudes humanas formadas por referencia al caso central"*. (FINNIS, *Ley natural* ..., p. 44-45)

pelo fato do produto ou do serviço no Código de Defesa do Consumidor a fim de verificar se os arts. 12 a 17 do referido diploma legal positivam uma forma comutativa, ou se os elementos distributivos, característicos do funcionalismo, são preponderantes.

Como será demonstrado abaixo (item 2.2), caso preponderem os fins e a forma da justiça comutativa, será necessária a conclusão pela presença da análise da culpabilidade na sistemática consumeirista. Por outro lado, constatado que o Código de Defesa do Consumidor optou por fins e forma da justiça distributiva, a conclusão terá de afastar o exame da culpabilidade.

Para poder concluir num ou noutro sentido, desde já, deve ser reiterado que a conclusão pela forma comutativa (formalista) ou pela a forma distributiva (funcionalista) depende dos fins e da estrutura determinados pela atividade política e jurisdicional, como já salientado no presente trabalho.

2.2. A estrutura da responsabilidade civil por acidentes decorrentes de produtos e serviços defeituosos

Partindo do pressuposto que um dado ordenamento jurídico pode alterar o caso central da responsabilidade civil centrado na justiça corretiva aristotélica e no direito kantiano consoante os preceitos do formalismo, podendo introduzir fins externos – sociais/econômicos – politicamente desejáveis, alterando a estrutura da análise da responsabilidade civil de maneira a fundá-la em uma estrutura de distribuição de encargos, cumpre, nesta segunda parte do capítulo final, verificar qual foi a opção do ordenamento jurídico brasileiro ao disciplinar a responsabilidade pelo fato do produto e do serviço,[241] tanto no Código de Defesa do Consumidor, como no Código Civil Brasileiro.

---

[241] Adota-se, no presente estudo a denominação de responsabilidade pelo fato do produto ou serviço por ser a definida legalmente, sendo a discussão referente ao tema inócua. Nesse viés cabe ressaltar o ensinamento de Paulo Sanseverino: *"Na realidade, as várias denominações ilustram apenas faces diversas do mesmo fenômeno. Enquanto as expressões 'fato' ou 'ato de consumo', abrangendo o fato do produto ou o fato do serviço, fixam-se no fato gerador do dano, a denominação 'acidente de consumo' prende-se aos seus efeitos ou conseqüências para o consumidor. Assim, as designações 'fatos de consumo', 'atos de consumo' e 'acidentes de consumo' podem ser utilizadas como sinônimas para expressar o mesmo fenômeno jurídico"*. (SANSEVERINO, Paulo de Tarso. *Responsabilidade civil no código do consumidor e a defesa do fornecedor*. São Paulo: Saraiva, 2002, p. 109)

2.2.1. Comutatividade ou distribuição?

Na primeira parte do presente estudo, com base nos fundamentos aristotélicos e kantianos trazidos no primeiro capítulo, foi constatado que, na visão formalista, a compreensão das ideias de coerência, correlatividade e personalidade torna possível a visão adequada das relações obrigacionais como relações entre pessoas (abstração vinculada à concepção de personalidade como capacidade intencional racional) que são configuradas por direitos e deveres que estabelecem limites racionais entre os arbítríos (entre as liberdades) de maneira correlativa, em que o direito de um é a outra face do dever do outro, através de uma estrutura coerente que tem por fim único a liberdade da pessoa humana e a consequente igualdade dessas pessoas como dignidades.[242]

Dessa estrutura polarizada pelo valor-finalidade igualdade/dignidade devem-se retirar os conceitos jurídicos que tornam a responsabilidade civil aplicável à realidade de cada sociedade.

O presente trabalho tem por objetivo definido a análise da dualidade ideia e realidade (consubstanciada na dicotomia entre formalismo e funcionalismo) no caso da aplicação da responsabilidade pelo fato do produto ou serviço. É mister, portanto, a identificação dos fundamentos do instituto da responsabilidade pelo fato do produto ou do serviço no código consumeirista e, ainda, no Código Civil. Qual é a sua estrutura? Seria a da justiça distributiva? Ou da justiça comutativa?

A conclusão parcial a que se chegou é que a responsabilidade civil tem como fundamento primordial a justiça comutativa. O caso central, ou o núcleo duro do direito privado seriam aspectos destacados pelo formalismo. A conclusão parcial, nesses termos, é reforçada pelos ensinamentos de Karl Larenz, que assim refere a justiça comutativa como fundamento da obrigação de indenizar:

---

[242] Cabe explicitar novamente o caráter central da igualdade e da liberdade através do ensinamento de Richard. W. Right: *"According to the equal freedom theory, each human being has an absolute moral worth as a free and equal member of the community. Thus, the common good to which law and politics should be directed is not the meaningless maximization of the aggregate utility or welfare of the society as a whole, as assumed by the utilitarian efficiency theory, but rather the creation of conditions that allow each person to realize his or her humanity as a self-legislating free rational being"*. (WRIGHT, Richard W. The standards of care in negligence law. In: *Philosophical foundations of tort law*. New York: Oxford University, 2001, p. 249)

> La obligación de indemnización de daños tiende a proporcionar una compensación a aquel que en virtud de ciertos hechos ha sufrido un daño o un menoscabo económico en sus bienes. Tal compensación representa en este supuesto una exigiencia de la justicia conmutativa (justitia conmutativa, a diferencia de la justicia distributiva) [...][243]

Contudo, conforme também concluído no ponto acima, é possível a verificação de legislações que determinam a responsabilidade civil com fundamento na justiça distributiva. Ao inserir fins externos ao direito privado, como proteção de uma parte mais fraca através de socialização dos riscos ou a distribuição de gastos com acidentes para maximização da riqueza, há a possibilidade de funcionalização da responsabilidade civil. A realidade de determinada sociedade pode fazer com que o legislador utilize-se da responsabilidade civil como instrumento para fins diversos da simples proteção da liberdade e da igualdade.[244] Nesses casos, quando o legislador assim se posiciona, são verificáveis casos periféricos de responsabilidade civil.[245]

Tal conclusão é reforçada pelo fato de que, atualmente, a responsabilidade civil é pensada de duas formas: a responsabilidade por culpa ou a responsabildiade por risco.[246] Diante desses dois fun-

---

[243] LARENZ, Karl. *Derecho de obligaciones*. Tradução Jaime Santos Briz. Madrid: Revista de Derecho Privado: Madri, 1958, v. 1, p. 190-191.

[244] Nesse sentido, já destacava Clóvis do Couto e Silva: "*La discussion se pose pour savoir si la faute e rapporte à la situation individuelle d'auteur du dommage ou si elle se rattache à la distribuicion de risques en société. D'une certaine façon, nous avons analysé ce problème lorsqu'on a vu que George Flecher mentionne les deux positions à propos de la réciprocité et la rationalité. En verité, il est impossible de séparer les deux positions. La question est celle de savoir seulement laquelle des deux constitue la finalité principale* [...]". (COUTO E SILVA, Clóvis V. *Principes Fondamentaux de la responsabilité civile en droit brésilien et comparé*. Cours fait à la Faculyé de Droit et Aciences Politiques de St, Maur (Paris XII), 1988, p. 86)

[245] Nesse sentido, importante a análise de Ronaldo Porto Macedo Jr.: "*Uma das formulações mais influentes, presentes no consumerismo de um modo geral, e no direito contratual de um modo particular, refere-se ao conceito de justiça distributiva, isto é, à idéia de que é possível e desejável realizar uma distribuição de riquezas e oportunidades através do acesso eqüitativo a serviços como saúde e educação. Dentro dessa perspectiva, o direito do consumidor é visto como uma tentativa de redistribuir poder e recursos dos fornecedores para os consumidores*". (MACEDO JR. Ronaldo Porto. *Contratos Relacionais e Defesa do Consumidor*. 2ª ed. São Paulo: Revista dos Tribunais, p. 231)

[246] Interessante destacar a análise da professora Patrícia Ribeiro Serra Vieira sobre as espécies de risco: "Pelo <u>risco-proveito</u> considera-se como responsável aquele que tira vantagem econômica de atividade danosa, com base no princípio de que do lucro nasce o encargo. A noção é de que o dano deve ser reparado por aquele que retira algum proveito da atividade lesiva. O parâmetro para a avaliação do proveito é fornecido por aquele lucro ou vantagem econômica auferido pelo causador do dano; o prob-

damentos de responsabilidade (culpa e risco), distingue-se a responsabilidade subjetiva (fundada na culpa) e a responsabilidade objetiva (fundada no risco). A responsabilidade subjetiva estaria vinculada à análise do formalismo e fundamentada nos termos da justiça comutativa, enquanto a responsabilidade objetiva estaria vinculada à análise do funcionalismo e fundamentada nos termos da justiça distributiva.[247]

A doutrina brasileira, reiteradamente, informa que as normas de consumo definiram uma estrutura distributiva e não comutativa no tratamento da responsabilidade pelo fato do produto ou do serviço ao adotar a responsabilidade centrada no risco. Juristas como Sérgio Cavalieri Filho,[248] James Marins[249] e José Reinaldo de Lima

---

lema, porém, reside justamente aí, pois cabe à vítima tal prova. Segundo o *risco-profissional*, o dever de indenizar é oriundo da atividade ou profissão exercida pelo lesado. Essa modalidade deu ensejo às reparações decorrentes dos acidentes de trabalho independentemente da existência de culpa do empregador. A reparação, pelo *risco-excepcional*, dá-se em consequência de uma situação de risco, de caráter excepcional, gravosa à coletividade, por exploração de atividade de alta periculosidade (exploração de energia nuclear, materiais radiotivos etc.). O *risco-criado* nada mais seria, segundo o professor Caio Mario da Silva Pereira, do que a ampliação do risco-proveito. Basta o exercício de uma determinada atividade por alguém para que este seja responsável pelos eventos danosos, visto que criou o perigo, (...). O *risco-integral* é a espécie mais extremada dentre as decorrentes da doutrina reivindicadora do risco, porque impõe o dever de indenizar até mesmo quando se dê o rompimento do nexo causal. Ou seja, o dano é suficiente, o que afasta qualquer tipo de trabalho com excludentes de responsabilidade". (SERRA VIEIRA, Patrícia Ribeiro. *A responsabilidade civil objetiva no direito de danos*. Rio de Janeiro: Forense, 2005, p. 88-89)

[247] Cabe salientar a explanação de George P. Fletcher sobre essa dicotomia no direito norte-americano: "We operate within the paradigm of the opposition of fault and strict liability and assume that this basic dichotomy lies at the foundation of the system. This dualistic assumptiom is to be found in the literature of both corrective justice and law & economics. All the treatises and case books follow this basic format, adding as well the distinction between intentional torts and negligent torts. The latter are two forms of fault, while strict liability, generally defined negatively as the absence of fault, covers everything else". (FLETCHER, George P. The fault of not knowing. *Theoretical Inquiries in Law*, v. 3, n. 2, jul. 2002, p. 1-2)

[248] "Tal como ocorre na responsabilidade, os riscos devem ser socializados, repartidos entre todos, já que os benefícios são também para todos. E cabe ao fornecedor, através dos mecanismos de preço, proceder a repartição de custos sociais dos danos. É a justiça distributiva, que reparte eqüitativamente os riscos inerentes à sociedade de consumo entre todos, através dos mecanismos de preços, repita-se, e dos seguros sociais, evitando assim, despejar esses enormes riscos nos ombros do consumidor individual". (CAVALIERI FILHO, Sérgio. *Programa de responsabilidade civil*. 5. ed. São Paulo: Malheiros, 2004, p. 497)

[249] "Em explicação sumária, e em linhas gerais, um sistema eqüânime de responsabilização pelo fato do produto deve atender a que risco seja debitado a quem melhor tenha condições de prevê-lo, a quem, melhor que o outro, possa distribuir, diluir e reduzir o risco, e finalmente, que o risco recaia sobre quem

Lopes esclarecem tal posicionamento em suas obras, defendendo uma estrutura distributiva para a análise da responsabilidade pelo fato do produto e do serviço no direito do consumidor.[250]

A referida doutrina entende que, na responsabilidade pelo fato do produto e do serviço no Código de Defesa do Consumidor, os riscos devem ser distribuídos entre todos aqueles que pertencem ao grupo de consumidores de determinado produto ou serviço, eis que todos desse mesmo grupo gozam dos benefícios do produto ou

---

o origina, sem que isto signifique a imposição de uma responsabilidade absoluta, pois o que se colima é a harmônica distribuição do risco". (MARINS, James. *Responsabilidade da empresa pelo fato do produto*: os acidentes de consumo no Código de proteção e defesa do Consumidor. São Paulo: Revista dos Tribunais, 1993, p. 97)

[250] Importante a transcrição da detalhada análise de José Reinaldo de Lima Lopes *"O caso mais exemplar de todos está no âmbito da responsabilidade civil por acidente de consumo ou por defeito de produtos ou serviços. Os arts. 12 e 14 do CDC redefinem as regras de responsabilidade, assumindo explicitamente, creio eu, a perspectiva do risco e do risco comum para atribuir aos fornecedores uma responsabilidade objetiva, sem culpa. O risco dos acidentes deve ser internalizado pelos fornecedores. A moralidade que se adota não é a da culpa, da psicologia subjetiva, que as unidades de produção não têm. A moralidade que se aceita é a da solidariedade social. Ao impor aos fornecedores uma responsabilidade mais restrita, o que o Código de Defesa do Consumidor faz é obrigá-los a internalizar os custos dos acidentes. Ao internalizá-los as unidades produtivas são capazes de distribuí-los entre todos os seus consumidores. O custo do acidente não será pago apenas pelo infeliz que sofreu o acidente. Como ele será – deve ser – totalmente indenizado pelo fornecedor, o preço dessa indenização será incorporado aos custos da produção e, pelo preço da venda, será pago por todos os consumidores daquele produto. É certo, portanto, que há a posssibilidade – consciente – de ocorrer um acréscimo de preço. Mas esse preço mais elevado apenas demonstra e deixa claro que não será um só dos consumidores daquele produto que vai arcar – infeliz e aleatoriamente – com um custo inevitável.*

Nesse mesmo sentido, é bom ver que a distribuição se dá entre grupos: todos os consumidores de certo serviço ou produto, não necessariamente todos os consumidores de todos os produtos (o que equivaleria a onerar não o 'mercado' específico, mas a 'cidadania' em geral). Há, pois, uma comunhão criada pela lei entre os consumidores dos produtos defeituosos. O risco dos acidentes é inevitável. Não há produção em massa que possa ocorrer sem defeitos, e o mesmo controle de qualidade que possa reduzir a zero os defeitos é um custo que deve ser incorporado ao produto e redistribuído aos consumidores daquele produto ou serviço. O Código de Defesa do Consumidor, creio eu, pressupõe que não há almoço grátis. Alguém vai pagar esse custo: pode ser a infeliz e isolada vítima, ou pode ser a comunidade mais ampla dos consumidores. A opção por uma ou por outra solução jurídica é uma opção entre quem vai pagar a conta do 'progresso'.

Isso é a continuação de uma linha de desenvolvimento do direito que tem início com o direito do trabalho e com o direito social. Como diz Ewald (1986), o direito social é um direito do risco. O risco é o perigo calculável e previsível (não necessariamente evitável). O risco é de todos e entre todos deve ser repartido. E o risco de que falamos não é o risco da natureza, lembra Ewald: é o risco criado pela vida coletiva, pela produção social e pela regularidade da produção". (LOPES, José Reinaldo de Lima. O aspecto distributivo do direito do consumidor. *Revista do Direito do Consumidor*, São Paulo, v. 41, p. 147-150, jan./mar de 2002, p. 147)

do serviço. O fornecedor, nessa distribuição dos riscos, tem a função de distribuir os custos dos danos, inserindo tais custos no preço do produto ou do serviço. Há, por conseguinte, uma finalidade social definida a caracterizar a aplicação da análise funcionalista, qual seja: a divisão dos riscos a todos os participantes do mercado consumidor. A estrutura formal da análise da responsabilidade civil, de tal sorte, é funcionalista, eis que fundada na justiça distributiva. Os riscos inerentes a determinados produtos ou serviços são repartidos entre os consumidores daquele específico produto ou serviço por intermédio de alocação dos custos das indenizações a serem pagas pelos fornecedores nos preços dos respectivos produtos. Trata-se, como esclarece Cavalieri Filho[251] na passagem supracitada, de verdadeiros seguros sociais, uma efetiva socialização dos riscos decorrentes do fornecimento no mercado consumidor.

O sistema de responsabilização pelo fato do produto no Código de Defesa do Consumidor, nessa visão do funcionalismo, define que o risco deve ser suportado por quem tem melhores condições de prevê-lo e evitá-lo (no caso o fornecedor) como defende a análise econômica do direito de Posner tratada em ponto acima. Ocorre que, por estar inserido no mercado de consumo, o fornecedor não irá internalizar esse custo que é certo e objetivo. Contrariamente, como explicitado por José Reinaldo de Lima Lopes,[252] o fornecedor, nada mais faz do que repassar os custos desses acidentes aos demais consumidores.[253] Há uma socialização dos riscos através da distribuição desses ao grupo de consumidores de determinado produto.

---

[251] CAVALIERI FILHO, *Programa de...*, p. 497.

[252] LOPES, O aspecto..., p. 147.

[253] No mercado competitivo, poderia se pensar que o repasse pode se tornar inviável diante da concorrência e da elasticidade do produto. Contudo, como demonstra Fabiano Koff Coulon e Ely Mattos, esse repasse do aumento do custo ao preço depende de uma análise casuística mais complexa que envolve as condições do mercado relevante e da elasticidade do referido produto. Nesse sentido, assim esclarecem os referidos autores: Nesse caso, o referido efeito distributivo poderia, em situações-limite, até mesmo vir a: (a) não ocorrer; (b) ocorrer em menor escala, na qual menos de 100% dos custos seriam distribuídos entre os consumidores; (c) ocorrer de forma perversa, ou seja, de forma a onerar grupos de indivíduos diversos daquele originalmente previsto como destinatário da distribuição, tais como: trabalhadores atuais ou potenciais das empresas – os quais suportariam os ônus na forma de redução de vantagens ou mesmo de postos de trabalho –, fornecedores e trabalhadores terceirizados das mesmas – na forma de renegociação de contratos – e acionistas; (d) ocorrer apenas de forma protraída no tempo, hipótese que, em tese, poderia dar margem a questões interessantes de direito entre gerações de consumidores; (e) ocorrer entre grupos diversos de consumidores

Os riscos dos acidentes, portanto, não são necessariamente internalizados pelos fornecedores. A solidariedade social, nesses casos, é a da divisão dos ônus não aos seus causadores, mas a todos que pertencem ao grupo social, mais especificamente, ao grupo de consumidores de determinado produto ou serviço.[254] Com efeito, o custo do acidente não será pago apenas pelo "infeliz de maneira geral que sofreu o acidente" nem tampouco pelo fornecedor que irá introduzir esses custos certos no preço do produto.[255] Quem irá pagar a indenização é o grupo de consumidores do produto imediatamente e a sociedade como um todo mediatamente, pois o preço da indenização será incorporado aos custos da produção, e o preço

---

da mesma empresa, os quais podem apresentar perfis semelhantes ou diferentes. Tal situação poderia ocorrer na hipótese da empresa, sobre a qual recair a obrigação de indenizar pelos danos causados por um determinado produto, resolver operar a distribuição deste custo praticando uma elevação no preço de outro produto, o qual possui como consumidores um grupo diverso daquele que normalmente consome o produto que apresentou o defeito" (COULON, Fabiano Koff e MATTOS, Ely José de. O efeito distributivo da responsabilidade objetiva no Código de Defesa do Consumidor Brasileiro e as elasticidades da demanda: uma perspectiva de direito e economia". *Berkeley Program in Law & Economics. Latin American and Caribbean Law and Economics Association (ALACDE) Annual Papers*. Paper 060409-4. http://repositories.cdlib.org/bple/alacde/060409-4).

[254] O jurista português João Calvão da Silva bem descreve o fenômeno: "[...] *saliente-se a tendência doutrinária que preconiza melhor tutela dos interesses do público consumidor e a protecção substancial dos cidadãos, satisfazendo, sobretudo, a necessidade de segurança da existência (Existenzsicherung), o que pode requerer formas de 'socialização' da responsabilidade, com o 'declínio da responsabilidade individual'. Propõe-se mesmo, em certas áreas, como a de acidentes de trabalho e a de circulação rodoviária, a substituição da responsabilidade civil por formas de garantia coletiva, nomeadamente pelo seguro, como mecanismo de reparação de dano*". (SILVA, *Responsabildiade...*, p. 107)

[255] Fabiano Koff Coulon sintetiza bem os argumentos favoráveis à análise distributiva: "*Resta referir que a possibilidade de diluição dos custos dos acidentes de consumo também poderia apresentar outras conseqüências, além do aqui denominado "efeito distributivo": (a) ao refletir também o custo dos acidentes, o preço dos produtos incrementaria a informação do consumidor, na medida em que ajuda a evidenciar o custo real destes produtos e cria incentivos ao fornecedor para agregar advertências acerca da utilização dos mesmos; (b) um aumento no preço poderá acarretar uma queda no consumo do produto potencialmente perigoso, o que acarretaria também uma queda na probabilidade de efetiva ocorrência de eventos danosos; (c) a quantia adicional incorporada ao preço do produto corresponderia a um fundo para as vítimas de eventos danosos, o qual poderia ser utilizado para compensá-las de forma direta ou para contratar um seguro de responsabilidade civil por parte dos fornecedores.*" (COULON, Fabiano Koff e MATTOS, Ely José de. O efeito distributivo da responsabilidade objetiva no Código de Defesa do Consumidor Brasileiro e as elasticidades da demanda: uma perspectiva de direito e economia". *Berkeley Program in Law & Economics. Latin American and Caribbean Law and Economics Association (ALACDE) Annual Papers*. Paper 060409-4. http://repositories.cdlib.org/bple/alacde/060409-4).

da venda do produto será pago por todos os consumidores daquele produto ou, caso não possa ser esse custo repassado no preço, a tendência é que os fornecedores tenham que reduzir os investimentos em qualidade, o que atentaria contra a finalidade de proteção ao consumidor.[256]

Como salienta José Reinaldo de Lima Lopes, a distribuição ocorreria internamente no grupo de consumidores de determinado produto ou serviço. Contudo, o autor afirma que o risco dos acidentes é inevitável. Será que é mesmo inevitável? Não existem graus diferentes de controle de qualidade? Será que o fornecedor e seus controles de qualidade não objetivam exatamente evitar defeitos e, por conseguinte, acidentes de consumo? Pela lógica da distribuição, nada há a fazer para evitar defeitos e os acidentes respectivos, restando ao fornecedor simplesmente a colocação de produtos no mercado – defeituosos ou não – e a incorporação nos preços de eventuais indenizações futuras. É cediço que não há produção imune a defeitos, mas, efetivamente, o controle de qualidade (e o benefício que ele acarreta ao consumidor e ao mercado) só é justificável – mesmo nos poucos casos nos quais não possa reduzir a zero os defeitos[257] – quando a indenização possa ser evitada com a constatação de que o acidente teve por causa um outro fato que não o defeito. Na realidade, existem riscos evitáveis e inevitáveis e é necessário estabelecer essa distinção.[258] Será que é essa socializa-

---

[256] LOPES, op. cit., p. 147.

[257] O princípio constitucional da proteção ao consumidor não pode, portanto, condizer com a seguinte análise de Rizatto Nunes: *"Para que a produção em série conseguisse um resultado isento de vício/defeito, seria preciso que o fornecedor elevasse seu custo a níveis altíssimos, o que inviabilizaria o preço final do produto e do serviço e desqualificaria a principal característica do produção em série, que é a ampla oferta para um número enorme de consumidores. Dessa maneira, sem outra alternativa, o produtor tem de correr o risco de fabricar produtos e serviços a um custo que não prejudique o benefício"*. (NUNES, Luiz Antonio Rizatto. Curso de direito do consumidor. São Paulo: Saraiva, 2004, p. 156). Contudo, não se pode concordar que a relação custo-benefício seja considerado o principal objetivo no direito do consumidor, mas sim a máxima proteção ao mais frágil. Aquele fornecedor que opta por menor custo está, na realidade, faltando com o cuidado exigido pelo Código de Defesa do Consumidor e estará produzindo um produto defeituoso, diferentemente daquele que utilizou a melhor técnica existente, mesmo que isso acarrete num custo elevado.

[258] O jurista argentino Ricardo Luis Lorenzetti é quem define a necessidade de diferenciação entre riscos evitáveis e inevitáveis: *"También es necesario distinguir entre resgo evitable e inevitable: la responsabilidad civil mantiene su pertinencia en areas donde la conducta del responsable tiene alguna incidencia en la diminución de los daños. Por eso es que la vejez, que no puede diminuirse, es administrada por la seguridad social; mientras que los accidentes son regulados por el sistema de*

ção dos riscos através da distribuição dos custos entre o grupo de consumidores que atende ao princípio constitucional de proteção e defesa do consumidor? Será que esse sistema de seguro contra defeitos, com custos embutidos nos preços dos produtos é o que fundamenta a responsabilidade pelo fato do produto ou do serviço no Código de Defesa do Consumidor e que melhor atende ao princípio da proteção ao consumidor?[259]

Ademais, Guido Calabresi, conhecido analista econômico do direito bem refere as dificuldades que existem em relação a essa distribuição dos custos através dos preços:

> The second meaning of enterprise liability as a system of allocating losses involves choosing a risk bearer not because he is the most likely insurer, but because he is most likely to be able to pass on part of the loss burden to buyers of the products he makes or to factors of production employed in making his products, thus distributing the loss broadly. The determination of the degree to which enterprises are in fact able to spread losses forward to consumers and backward to production factors is a very complicated matter involving, among other things, whether the enterprise operates in a competitive or a monopolistic industry.[260]

A posição contrária, que aqui se pretende comprovar, entende que, apesar de o Código de Defesa do Consumidor ter adotado um sistema de responsabilização pelos acidentes de consumo "independentemente da culpa", a estrutura que fundamenta a análise de responsabilidade por acidentes envolvendo produtos e serviços é centrada na justiça comutativa nos termos preconizados pelo formalismo, estabelecendo como elementos principais da responsabilidade defeito, dano e nexo causal. O Código de Defesa do Consumidor e por, dependência o Código Civil, como será demonstrado em ponto abaixo (item 2.2.3), adotaram uma análise

---

responsabilidad. Los riegos inevitables, que constituyen supuestos de caso fortuito deben ser suportados por la seguridad social como sistema complementario de la responsabilidad". (LORENZETTI, Ricardo Luis. La responsabilidad civil. *Revista de Direito do Consumidor*, São Paulo, p. 41-76, abril./jun. 2003, p. 73)

[259] Interessante destacar a análise sobre a responsabilidade fundamentada no risco da atividade, desenvolvida pelo professor Leandro Zanitelli: "*Tudo isso sugere que os problemas em torno da responsabilidade objetiva devem ser examinados com cuidado maior do que o dispensado costumeiramente até agora, que a 'socialização dos riscos' ocasionada pela responsabilidade (quando ocasionada) não é, necessariamente, a mais desejável*". (ZANITELLI, Leandro Martins. Responsabilidade civil objetiva no Brasil: uma crítica às explicações habituais. *Revista Trimestral de Direito Civil*, v. 20, p. 211-231, out./dez. 2004, p. 230)

[260] CALABRESI, Guido. *The costs of accidents*: a legal and economic analysis. New Haven: Yale University Press, 1970, p. 53.

que mantém os elementos centrais da teoria formalista do direito privado, nos temos da justiça corretiva, quais sejam: a reparação integral como fim principal; a correlatividade entre direito e dever e; o personalismo.

2.2.2. Os ditames normativos

Para avaliar a procedência desse entendimento pela estrutura comutativa na responsabilidade pelos acidentes decorrentes de produtos e serviços no Código de Defesa do Consumidor e no Código Civil, é necessário analisar o resultado da atividade política brasileira ao definir os objetivos e os meios da legislação sobre o consumo. Assim, é necessário verificar os dispositivos que normatizam a responsabilidade pelo fato do produto e do serviço nas relações de direito privado.

2.2.2.1. O Código de Defesa do Consumidor

A análise parte da Lei Maior. A assembleia constituinte introduziu na Constituição Federal o art. 5º, XXXII, que assim dispõe: *"o Estado promoverá, na forma da lei, a defesa do consumidor"*.[261]

O mandamento constitucional foi positivado através da Lei nº 8.078, de 11 de setembro de 1990, que, em seu art. 1º, assim preceitua: "O presente Código estabelece normas de proteção e defesa do consumidor, de ordem pública e interesse social, nos termos dos arts. 5º, inciso XXXII, 170, inciso V, da Constituição Federal e art. 48 de suas Disposições Transitórias.". Nesse sentido, é possível constatar que a proteção do consumidor faz parte do núcleo de dignidade garantido a todo brasileiro, assim tal proteção responde a um objetivo de justiça social.[262]

A referida lei determina a responsabilidade pelo fato do produto ou serviço no Capítulo IV, Seção II, arts. 12, 13, 14 e 17.[263] Des-

---

[261] O art. 170, inciso V, da Constituição Federal e o art. 48 de suas Disposições Transitórias também estabelecem o princípio constitucional de defesa do consumidor.

[262] Vide análise de BARZOTTO, Justiça Social ...

[263] Cabe a transcrição dos artigos 12 e 14 do Código de Defesa do Consumidor por serem centrais na análise:
"Art. 12. O fabricante, o produtor, o construtor, nacional ou estrangeiro, e o importador respondem, independentemente da existência de culpa, pela reparação dos danos causados aos consumidores por defeitos decorrentes de projeto, fabricação, construção, montagem, fórmu-

ses dispositivos, é possível extrair os seguintes elementos essenciais na responsabilização do fornecedor: a) independência da culpa; b) reparação dos danos causados ao consumidor; c) defeito do produto ou serviço; d) dano à vítima do evento e; e) nexo de causalidade.

Os referidos elementos estão presentes nos dispositivos que determinam a responsabilidade pelo fato do produto e do serviço. A doutrina referenda os elementos citados. Paulo Sanseverino, após tratar dos pressupostos da responsabilidade civil na teoria clássica, elenca os seguintes elementos na responsabilidade por acidentes de consumo: "a) o defeito do produto ou do serviço; b) o nexo de imputação; c) o dano patrimonial ou extrapatrimonial; d) a relação de causalidade entre o defeito e o dano".[264]

A doutrinadora Cláudia Lima Marques, após citar o caráter objetivo da imputação, assim elenca: "Agora se discutirá, no direito brasileiro, em todos os casos de responsabilidade pelo fato de produto (acidente de consumo), a existência de um defeito, a colocação no mercado e uma eventual culpa exclusiva de terceiro ou da vítima".[265]

---

las, manipulação, apresentação ou acondicionamento de seus produtos, bem como por informações insuficientes ou inadequadas sobre sua utilização e riscos. § 1º O produto é defeituoso quando não oferece a segurança que dele legitimamente se espera, levando-se em consideração as circunstâncias relevantes, entre as quais: I – sua apresentação; II – o uso e os riscos que razoavelmente dele se esperam; III – a época em que foi colocado em circulação. § 2º O produto não é considerado defeituoso pelo fato de outro de melhor qualidade ter sido colocado no mercado. § 3º O fabricante, o construtor, o produtor ou o importador só não será responsabilizado quando provar: I – que não colocou o produto no mercado; II – que, embora haja colocado o produto no mercado, o defeito inexiste; III – a culpa exclusiva do consumidor ou de terceiro. [...]
Art. 14. O fornecedor de serviços responde, independentemente da existência de culpa, pela reparação dos danos causados aos consumidores por defeitos relativos à prestação dos serviços, bem como por informações insuficientes ou inadequadas sobre sua fruição e riscos. § 1º O serviço é defeituoso quando não oferece a segurança que o consumidor dele pode esperar, levando-se em consideração as circunstâncias relevantes, entre as quais: I – o modo de seu fornecimento; II – o resultado e os riscos que razoavelmente dele se esperam; III – a época em que foi fornecido. § 2º O serviço não é considerado defeituoso pela adoção de novas técnicas. § 3º O fabricante, o construtor, o produtor ou o importador só não será responsabilizado quando provar: I – que, tendo prestado o serviço, o defeito inexiste; II – a culpa exclusiva do consumidor ou de terceiro. § 4º A responsabilidade pessoal dos profissionais liberais será apurada mediante a verificação de culpa".
[264] SANSEVERINO, *Responsabilidade...*, p. 112.
[265] MARQUES, Cláudia Lima. *Contratos no Código de Defesa do Consumidor:* o novo regime das relações contratuais. 4. ed. rev., atual. e ampl. São Paulo: Revista dos Tribunais, 2002, p. 1043.

De tal sorte, é entendimento repetido pela doutrina que o Código de Defesa do Consumidor adotou a teoria da responsabilidade objetiva como fundamento da responsabilidade pelo fato do produto ou do serviço ao tornar essa responsabilidade independente da comprovação do elemento culpa do fornecedor.[266]

Assim, cabe avaliar se essa independência da culpa e presença do defeito desconfiguraria a estrutura fundamentada na justiça comutativa e eliminaria por completo a análise da falta de diligência necessária – ou a ausência do cuidado – que configura a análise da culpabilidade.

O conceito de culpa sempre configurou uma dificuldade para o jurista: Caio Mário da Silva Pereira e José de Aguiar Dias traçam uma brilhante evolução do conceito de culpa na doutrina nacional e estrangeira.[267] Contudo, é Aguiar Dias quem define com precisão o cerne da culpa, o intencionar o fato ou a falta de diligência no evitar o fato.[268] [269]

Reforçando a falta de diligência ou cuidado no cumprimento de um dever, assim preconiza Pontes de Miranda:

---

[266] Nesse sentido, Zelmo Denari: *"No âmbito das relações de consumo, os lineamentos da responsabilidade objetiva foram logo acolhidos e denominados 'responsabilidade pelo fato do produto': não interessava investigar a conduta do fornecedor de bens ou serviços, mas somente se deu causa (responsabilidade causal) ao produto ou serviço, sendo responsável pela sua colocação no mercado de consumo"*. (DENARI, Zelmo. Da qualidade de produtos e serviços, da prevenção e da reparação dos danos. In: GRINOVER, Ada Pellegrini et al. *Código Brasileiro de Defesa do Consumidor comentado pelos autores do anteprojeto*. 8ª ed. Rio de Janeiro: Forense Universitária, 2004, p. 179). Vide também a análise de SANSEVERINO, *Responsabilidade...*, 174-180.

[267] Vide PEREIRA, Caio Mario da Silva. *Responsabilidade civil*. 8ª ed. Rio de Janeiro: Forense, 1988, p. 63-74 e; DIAS, José de Aguiar. *Da responsabilidade civil*. 10ª ed. Rio de Janeiro: Forense, 1997, v. 1, p. 108-122.

[268] Assim define Aguiar Dias, sobre a culpa, dolo e culpa em sentido estrito: *"Das noções expostas, ficou-nos a concepção de culpa genérica, que se desdobra em dolo e culpa propriamente dita. [...] A culpa é a falta de diligência na observância da norma de conduta, isto é, o desprezo, por parte do agente, do esforço necessário para observá-la, com resultado, não objetivado, mas previsível, desde que o agente se detivesse na consideração das conseqüências eventuais da sua atitude"*. (Ibidem)

[269] Diferentemente da legislação brasileira, a alemã define a culpa no § 276 do BGB, determinando que aquele que não observa os cuidados que são necessários à vida em sociedade, age com culpa. Para Alvino Lima: *"Culpa é um erro de conduta, moralmente imputável ao agente e que não seria cometido por uma pessoa avisada, em iguais circunstâncias de fato"*. (LIMA, Alvino. *Culpa e Risco*. 2ª ed., rev. e atual. pelo Prof. Ovídio Rocha Barros Sandoval, São Paulo: Revista dos Tribunais, 1999, p. 69)

A culpa consiste na ligação, no nexo causal, psicofísico, entre o fato externo, contrário a direito, ou não e o sujeito. Supõe-se, como essencial a *voluntas*, o ter-se querido, ou o ter-se procedido sem o cuidado necessário, para que o fato não se desse.[270]

O doutrinador, ainda, traz um esclarecimento de suma importância. A contrariedade ao direito não é elemento da culpa, mas sim é elemento da ilicitude do ato.[271]

Contudo, como explica de maneira irreparável Pontes de Miranda, é possível explicar as normas do ordenamento jurídico em que o legislador afastou a prova da culpa através da constatação de que no suporte fático da norma não está presente a culpa, mas sim o ato lesivo (colocação de produto defeituoso no mercado) e da pessoa que está relacionada a esse ato (fornecedor de produto ou serviços). Há, entretanto, a possibilidade de uma presunção legal da culpa da pessoa relacionada ao ato. Assim, no suporte fático da norma pode estar presente o elemento culpa presumida segundo Pontes de Miranda,[272] Ernest Weinrib[273] e Alvino Lima.[274]

A referida presunção da culpa explicitada por Pontes de Miranda pode auxiliar na interpretação do dispositivo do art. 12 que diz que o produtor, o fabricante, entre outros, "respondem, inde-

---

[270] PONTES DE MIRANDA, *Tratado de...*, p. 48.

[271] *"A contrariedade a direito, o ir contra o conteúdo da regra jurídica, não é elemento da culpa. É elemento da ilicitude do ato: contrariedade a direito mais culpa igual a ilícito".* (PONTES DE MIRANDA, *Tratado de...*, p. 48)

[272] Assim ensina Pontes de Miranda, ibidem: *"As tentativas para se assentar que ilícito é igual a contrariedade a direito mais culpa tomam o caminho da presunção da culpa para explicarem aqueles textos em que o legislador prescindiu da prova da culpa; mas, aí, no suporte fáctico não está sempre, perceptível, a culpa, estão os fatos lesivos e a indicação de alguém, que se achava em relação com os fatos: a presunção passou-se na mente do legislador, portanto na feitura da lei, que a traz, como presunção legal. No suporte fáctico, está algo que compõe a figura da culpa".*

[273] Segundo Ernest Weinrib: *"The effect of liability 'without fault' is only to relieve the plantiff of the need to allocate the specific fault act".* (WEINRIB, *The idea...*, p. 189)

[274] Assim ensina Alvino Lima: *"As presunções de culpa consagradas na lei, invertendo o ônus da prova, vieram melhorar a situação da vítima, criando-se a seu favor uma posição privilegiada. Tratando-se, contudo, de presunções juris tantum não nos afastamos do conceito de culpa da teoria clássica, mas apenas derrogamos um princípio dominante em matéria de prova. Tais presunções são, em geral, criadas nos casos de responsabilidades complexas, isto é, das que decorrem de fatos de outrem, ou do fato das coisas inanimadas. Fixadas por lei as presunções juris tantum, o fato lesivo é considerado em si mesmo, um fato culposo e como tal determinará a responsabilidade do autor, se este não provar a ausência de causa estranha causadora do dano, como a força maior, o caso fortuito, a culpa da própria vítima ou o fato de terceiro".* (LIMA, Alvino. *Culpa...*, p. 72)

pendentemente da culpa, pela reparação dos canos causados aos consumidores por defeitos". De tal sorte, não basta a atividade de produzir para ser responsabilizado pelo fato do produto, nem basta realizar um serviço para ser responsabilizado pelo fato do serviço.[275] É necessário que o resultado da atividade (o produto ou o serviço) seja defeituoso.[276] Havendo a necessidade do elemento de-

---

[275] Cabe salientar a conclusão do professor Sérgio Cavalieri Filho: *"Conforme anteriormente destacamos, o risco, por si só, não gera a obrigação de indenizar. O risco é perigo, é mera probabilidade de dano; e ninguém viola dever jurídico simplesmente porque fabrica um produto ou exerce uma atividade perigosa, mormente quando socialmente admitidos e necessários. Milhões fazem isso sem terem que responder por alguma coisa perante a ordem jurídica. A responsabilidade só surge quando a violação do dever jurídico correspondente"*. (CAVALIERI FILHO, *Programa*..., p. 500). Contudo, o ordenamento jurídico brasileiro atualmente prevê a responsabilização sem violação a dever, o que configura efetivamente a teoria do risco. O art. 927, parágrafo único, do Código Civil impõe uma responsabilidade objetiva com base no risco criado, pois determina uma responsabilidade pelo simples desenvolver de uma atividade que por sua natureza gere risco para os direitos de outrem. Assim, a responsabilização não depende da falta ao dever, como no Código de Defesa do Consumidor, mas no simples desenvolvimento de uma atividade que gere risco por sua natureza. Outro exemplo de responsabilidade pelo risco integral da atividade é o da legislação respeitante a responsabilidade pelo dano nuclear, regulada pela Lei n. 6.453/77.

[276] A jurisprudência dos tribunais pátrios é uníssona ao exigir que o produto seja defeituoso para a responsabilização do fornecedor. Nesse sentido, vide as ementas das seguintes decisões do Tribunal de Justiça do Rio Grande do Sul que exigem o defeito para a determinação da responsabilidade do fornecedor, não bastando o mero desenvolvimento de uma atividade de risco: "Responsabilidade civil. Danos morais e materiais. lucros cessantes. Veículo. Defeito no 'air bag' do motorista. Acionamento espontâneo do equipamento, causando danos físicos à condutora do automóvel. Relação de consumo protegida pelo CDC. Defeito de fabricação. convocação para realização de 'recall'. A responsabilidade do fabricante do produto é objetiva, devendo indenizar o consumidor em caso de defeito do produto, de acordo com o art. 12, § 1º do CDC. Comprovado nos autos que o equipamento de segurança – 'air bag' – estava com defeito de fabricação, pois menos de seis meses após o acidente com a consumidora, a montadora convocou os proprietários dos veículos com este item de segurança para 'recall', alertando exatamente sobre o perigo de acionamento involuntário do 'air bag'. [...] Apelação da autora provida em parte. Negado provimento ao apelo da ré." (Apelação Cível, n. 70005370317, 6ª Câmara Cível, Rel. Dr. José Conrado de Souza Júnior, jul. 16/06/2004).
No mesmo sentido: "Apelação cível. Responsabilidade civil. Danos morais e materiais. Descolamento do tacão do salto do sapato e decorrente queda da consumidora. Acidente de consumo pelo fato do produto. *Quantum* indenizatório. 1. Entorse do tornozelo direito, decorrente de queda gerada pelo descolamento do tacão do salto do sapato fabricado pela empresa-ré, quando a requerente dirigia-se ao local de trabalho por uma das ruas centrais da cidade. Restando configurado o acidente de consumo pelo fato do produto, em face do defeito do bem consumido, impõe-se ao fornecedor o dever de indenizar, de modo objetivo. Sapato causador do dano que se mostrou em desacordo com os padrões técnicos exigidos. Danos materiais evidenciados pelas provas dos autos. Tem se reconhecido na doutrina e na

feito, por conseguinte, não foi adotada a teoria do risco como bem ensina Cláudia Lima Marques, apesar de concluir, na sequência de sua obra que o fundamento da responsabilidade no CDC é de justiça distributiva:[277]

> Assim, na sistemática do Código, todos os fornecedores que ajudam a introduzir o produto no mercado podem ser potencialmente responsabilizados (é o caso do comerciante na hipótese do art. 13), mas a figura européia do defeito concentrou a imputação em alguns fornecedores, não com base no simples risco criado por sua atividade (ou imputaria a todos a responsabilidade, como no sistema norte-americano). Mas com base numa valoração legal específica. Imputou a responsabilidade principal ao fabricante, ao construtor e ao produtor porque presumivelmente deram origem ao defeito, ou poderiam ter, ao menos potencialmente, evitado a sua existência [...][278]

Nesse mesmo sentido, João Calvão Silva ao tratar da exigência do defeito para responsabilização do produtor na União Européia:

> Nesta medida afirma-se que a responsabilidade instituída pela Directiva comunitária é objetiva ou independente de culpa, mas não por risco da empresa – conceito mais amplo que abrangeria os riscos tecnológicos ou defeitos do desenvolvimento, sem atender ao estado dos conhecimentos científicos e técnicos [...][279]

Quando a professora Cláudia Lima Marques afirma que a imputação de responsabilidade do fornecedor não está centrada no risco, mas no defeito que foi causado pelo fornecedor, pois este poderia potencialmente ter evitado, com efeito, está exigindo uma conduta do fornecedor que era acessível à técnica atual à colocação do produto no mercado, já que o produtor tinha a possibilidade de evitar a ocorrência do defeito. Assim, apesar de expressamente negar, os referidos doutrinadores estão tratando do exame da cul-

---

jurisprudência que a dor e o sofrimento decorrentes de violação à integridade física do indivíduo ensejam reparação por danos morais. A dor psíquica de quem se vê impossibilitado da prática dos atos corriqueiros da vida social é evidente, dispensa prova, estando perfeitamente configurado o dano moral *in re ipsa*. 2. (...) Apelações desprovidas". (Apelação Cível, n. 70009800004, 9ª Câmara Cível, Rel. Des. Marilene Bonzanini Bernardi, jul. 13/10/2004)

[277] "*Não se diga que a idéia do descumprimento de um dever legal de segurança (existência do defeito no produto), isto é, a exigência de um ato antijurídico para que se impute a responsabilidade legal a alguns agente, não é compatível com a teoria da responsabilidade objetiva, que visa, em última análise, regular os efeitos do de um ilícito civil (ato valorado como antijurídico) e alcançar uma justiça distributiva*". (MARQUES, *Contratos...*, p. 1041)

[278] Ibidem, p. 1039.

[279] SILVA, *Responsabildiade...*, p. 642.

pabilidade, pois aquele que não evita um fato causador de dano que poderia e deveria ter evitado pela técnica contemporânea, falta com a diligência (ou com o cuidado necessário), o que configura a culpa em sentido estrito, como nos ensina Aguiar Dias na citação acima. Nesse compasso, não há, na responsabilidade pelo fato do produto e do serviço, uma simples imputação objetiva,[280] mas se analisa se houve a falta de diligência ou cuidado quanto à segurança do produto ou serviço, mesmo que essa análise seja residual vez que a falta de diligência ou cuidado é presumida quando da ocorrência do dano, cabendo ao fornecedor a prova da ausência do defeito para excluir a sua responsabilidade nos termos legais.

Assim, o elemento culpa está inserido na forma presumida através da exigência do defeito para determinação da responsabilidade do produtor. Basta notar que a norma disciplina que o produto é defeituoso somente e, tão somente, quando *"não oferece a segurança que dele legitimamente se espera"*.[281] Qual a segurança que legitimamente se pode esperar de um produto ou de um serviço? Por conclusão lógica, somente pode ser considerada esperada e legítima a segurança que era acessível ao fornecedor. Para que ocorra o defeito, portanto, é necessário que haja uma falta de diligência do fornecedor ao não atingir uma segurança do produto que "dele legitimamente se espera".[282] Exigir que o fornecedor responda por

---

[280] Nesse sentido, cabe citar a análise do professor GHERSI, Carlos Alberto. *Reparación de daños.* Buenos Aires: Universidad, 1989, p.161-169.

[281] O Tribunal de Justiça do Rio Grande do Sul, em suas decisões, reafirma o conceito de defeito como a falta da segurança esperada. Nesse sentido vide a seguinte ementa: "Apelação Cível. Responsabilidade civil. Ação indenizatória de danos materiais e morais. Autor que teve o seu veículo marca Fiat tipo 1.6 MPI, de fabricação nacional, incendiado em decorrência de autocombustão do motor. Automóvel novo, recém adquirido e sob garantia. Acidente de consumo. Responsabilidade civil objetiva da empresa fabricante pelo fato do produto. Art. 12, *caput* e §§ 1º e 3º do CDC. O produto é defeituoso quando não oferece a segurança que dele legitimamente se espera. Ausência de prova de causas excludentes de responsabilidade. A empresa ré não logrou comprovar que o defeito ocasionador do sinistro não existiu ou que houve culpa exclusiva da vítima. Dever de indenizar evidenciado. Dano material não comprovado. Dano moral caracterizado à vista das peculiaridades do fato. Situação que não se confunde com mero dissabor ou contratempo ou fato comum e corriqueiro da vida de relação. 'Quantum' indenizatório arbitrado em R$ 15.000,00. Sentença de improcedência da ação a merecer reforma. Apelação parcialmente provida". (Apelação Cível, n. 70005560396, 9ª Câmara Cível, Rel. Dr. Miguel Ângelo da Silva, jul. 21/09/2005)

[282] Mister destacar a análise do professor Antônio Herman Benjamin: "*O Código não estabelece um sistema de segurança absoluta para os produtos e serviços. O que se quer é uma segurança dentro dos padrões da expectativa legítima dos consumidores. E esta não é aquela do consumidor-vítima. O*

um dano que era inevitável é exigir uma segurança ilegítima (ou responsabilizar pelo risco da atividade). Para que seja possível a qualificação do produto ou do serviço como defeituosos, por conseguinte, é necessário que o fornecedor atue com culpa levíssima ao não garantir uma segurança que se poderia esperar.[283] Nesse caso, uma segurança atingível através da melhor técnica existente quando da colocação do produto no mercado.

Os direitos e deveres de segurança e informação no direito do consumo no Brasil são correlativos – conforme analisado no capítulo anterior –, pois os direitos dos consumidores são a base dos deveres dos fornecedores. Nesse viés, as razões que justificam a proteção dos direitos do consumidores são as mesmas razões que justificam a existência de deveres dos fornecedores. Quando o fornecedor não atinge uma segurança, mas essa segurança não está na base dos direitos do consumidor, nenhuma responsabilidade segue sob a concepção jurídica do direito obrigacional, porque, se isso acontecer, a razão para ganhar do consumidor não será a mesma que a razão para perder do fornecedor. O que se pretende demonstrar é que não é possível garantir ao consumidor uma segurança maior do que a existente pela técnica atual à colocação do produto no mercado. Não sendo base do direito do consumidor uma segurança além da técnica contemporânea, não é dever do fornecedor uma prestação além da possível à melhor técnica existente.

Como demonstrado no primeiro capítulo, Kant ensina que o conteúdo do dever é a ação a que alguém está obrigado. O dever é a matéria da obrigação, é a necessidade objetiva de uma ação. Aquele que não procede conforme a ação determinada pelo dever infringe o dever que lhe foi imposto. Para ser considerado culpado, entretanto, da contrariedade ao dever, esta ação que consubstancia o dever tem que ser possível ao devedor. Ao analisar o defeito como falta ao dever de segurança e informação, conforme determina o art. 12 da Lei 8.078/90, é indispensável concluir pela manutenção

---

padrão não é estabelecido tendo por base a concepção individual do consumidor, mas, muito ao contrário, a concepção coletiva da sociedade de consumo". (BENJAMIN, Antônio H. *Comentários ao Código de Defesa do Consumidor.* São Paulo: Saraiva, 1991, p. 60)

[283] Assim George Fletcher ensina sobre a coerência de se exigir uma conduta somente de uma pessoa que seja capaz de atingir essa exigência: *"It makes sense to require something of someone only if the adressee is capable of doing the thing required. It is hardly coherent to require of the insane or the feebleminded that they act like reasonable person".* (FLETCHER, The fault..., p. 10)

do exame da culpabilidade mesmo que de maneira especial (culpa levíssima presumida).

Mister notar que os elementos fornecidos pelo código consumeirista para verificação da segurança reforçam que o padrão de segurança exigido é o acessível à melhor técnica. Assim, as circunstâncias normativas para avaliação do defeito:[284] "uso e riscos que razoavelmente dele se esperam" e "a época em que foi colocado em circulação" determinam que o irrazoável[285] e a técnica futura não podem ser exigidos do fornecedor.[286]

Trata-se de falta ao dever de segurança[287] (ou ainda ao dever de informação)[288] que tem por fundamento o princípio da boa-fé objetiva como ensina o professor Paulo Sanseverino[289] e o professor

---

[284] "Art. 12. [...] § 1º O produto é defeituoso quando não oferece a segurança que dele legitimamente se espera, levando-se em consideração as circunstâncias relevantes, entre as quais: I – sua apresentação; II – o uso e os riscos que razoavelmente dele se esperam; III – a época em que foi colocado em circulação".

[285] Cabe trazer o ensinamento da Paulo Sanseverino: *"O uso e os riscos razoavelmente esperados dizem respeito à utilização normal do produto, concretamente, nos moldes do contexto social. Naturalmente, o uso normal do produto ou do serviço deve ser observado conforme um juízo de razoabilidade, abrangendo também, outras formas de utilização segundo critérios razoáveis".* (SANSEVERINO, *Responsabilidade...*, p. 119)

[286] Cabe citar a importante conclusão de James Marins: *"Por fim, não se pode falar em existência de defeito de criação porque o produto concebido sem qualquer espécie de falha de projeto ou fórmula então cogniscível pelo homem, isto é, no momento de sua introdução em circulação, não decorriam do projeto ou da fórmula do produto qualquer espécie de risco à saúde ou segurança dos consumidores".* (MARINS, James. *Responsabilidade da empresa pelo fato do produto*: os acidentes de consumo no Código de proteção e defesa do Consumidor. São Paulo: Revista dos Tribunais, 1993, p. 136)

[287] Assim ensina o professor Sérgio Cavalieri Filho: *"Que dever jurídico é esse? Quando se fala em risco o que se tem em mente é a idéia de segurança. O dever jurídico que se contrapõe ao risco é o dever de segurança. E foi justamente esse dever que o Código do Consumidor estabeleceu no § 1º do seu art. 12. Criou o dever de segurança para o fornecedor, verdadeira cláusula geral – o dever de não lançar no mercado produto com defeito – [...]".* (CAVALIERI FILHO, *Programa...*, p. 500)

[288] Como ensina Zelmo Denari: *"Defeito de informação ou de comercialização, que envolve a apresentação, informação insuficiente ou inadequada, inclusive a publicidade, elemento faltante do art. 12".* (DENARI, *Da qualidade...*, p. 183)

[289] *"O conceito de defeito relaciona-se diretamente à idéia de segurança do produto ou do serviço, que se situa como eixo normativo dessa cláusula geral de responsabilidade civil. Como os produtos e serviços devem circular no mercado de consumo sem colocar em risco a integridade física e patrimonial dos consumidores, atribui-se aos fornecedores dever geral de segurança em relação aos consumidores, que têm sua matriz no princípio da boa-fé objetiva".* (Op. cit., p. 116)

português João Calvão da Silva.²⁹⁰ A boa-fé objetiva estabelece uma conduta padrão acessível ao homem comum, ao padrão médio da sociedade. Contudo, como novamente ensina João Calvão Silva, o padrão de segurança exigido do fornecedor é um padrão de excelência e não um padrão médio.²⁹¹ Assim, haveria uma responsabilidade objetiva "limitada" no seu entender.²⁹²

A citada "falta de segurança que legitimamente se poderia esperar " configura, portanto, o exame da culpa em sentido estrito. No caso da responsabilidade pelo fato do produto ou do serviço, culpa presumida (como ensinou Pontes de Miranda) e levíssima como ensina Clóvis do Couto e Silva.²⁹³

Consoante os ensinamentos do professor Clóvis do Couto e Silva²⁹⁴ e, como salientado pelo professor João Calvão Silva acima, o exame da culpa em sentido estrito, normalmente, passa pela comparação da conduta do autor com a conduta padrão do prudente e diligente pai de família, do homem normal, ou seja, com um paradigma acessível ao homem racional de acordo com o princípio da boa-fé objetiva. Contudo, a conduta padrão, ou conduta paradigmática, exigida na análise da culpa pode ter dois níveis diferentes de exigência segundo Clóvis do Couto e Silva, quais sejam:

a) um nível que tem o padrão médio (o cuidado que se exigiria de uma pessoa normal, do homem razoável) e;

---

²⁹⁰ SILVA, *Responsabilidade...*, p. 642.

²⁹¹ "*É que a concepção da culpa como conduta deficiente toma como padrão o homem médio e normal, enquanto o estado da arte tido como possibilidade tecnológica acaba por ter como estalão o produtor ideal – aquele fabricante que observa no seu campo ou especialidade o mais avançado estado da ciência e da técnica, mesmo que não praticado pelo produtor normal*". (Ibidem, p. 514)

²⁹² Com base nessa diferença de padrão de exigência, o autor português entende que a responsabildiade seria não culposa: "*Nós preferimos dizer que o Dec.-Lei nº 383/89 consagra uma responsabilidade objetiva limitada, pois dela estão expressamente excluídos os chamados riscos do desenvolvimento [...]*". Contudo, como analisado, a falta com uma conduta padrão, mesmo que em padrão de excelência, constitui culpa ainda mais se tratando de um fornecedor que tem por característica o domínio da técnica. (Ibidem, p. 517)

²⁹³ "*Si le concept de faute est considéré aujord'hui de façon relative et qu'il faut prendre en considération l'activité de l'auteur du dommage pour analyser'il a agi avec zèle d'un bon pére ou d'un 'reasonable man', on peut dire que la faute, comme règle, est legère (levis). La faute très légère exige de l'auteur une 'exactissima dilligentia', digne de 'l'homo diligentissimus'. Elle correspond à l'activité du débiteur dans les cas d'obligaton determinée ...*". (COUTO E SILVA, Principes..., p. 94)

²⁹⁴ "*On sait que d'aprés cette définition il faut comparer la conduite concrète de l'auteur du dommage avec le paradigme do 'prudens et dilligens pater familias'*". (Ibidem, p. 81)

b) outro nível que tem o padrão de máxima excelência (cuidado que se exige de um profissional).[295]

No segundo caso, está-se diante da culpa levíssima, ou culpa *três legère* que surge como uma alternativa[296] nos ordenamentos em que não se adotou a teoria do risco e se está diante de uma transformação da realidade social que exige um maior grau de cuidado e segurança de certos grupos, como os fornecedores de produtos e serviços por exemplo.[297] No tratamento da responsabilidade civil pelo fato do produto e do serviço, ao não ter sido adotada a teoria da responsabilização com base no risco da atividade, nem a teoria

---

[295] O empresário é aquele que desenvolve uma atividade empresarial. A atividade empresarial tem por característica o profissionalismo que exige do empresário o monopólio da informação que é bem descrito por Fábio Ulhoa Coelho: "*A decorrência mais relevante da noção está no monopólio das informações que o empresário detém sobre o produto ou serviço objeto de sua empresa. Este é o sentido com que se costuma empregar o termo no âmbito das relações de consumo. Como empresário é um profissional, as informações sobre os bens ou serviços que oferece ao mercado – especialmente as que dizem respeito às suas condições de uso, qualidade, insumos empregados, defeitos de fabricação, riscos potenciais à saúde ou à vida dos consumidores – costumam ser de seu inteiro conhecimento. Porque profissional, o empresário tem o dever de conhecer estes e outros aspectos dos bens ou serviços por ele fornecidos, bem como o de informar amplamente os consumidores e usuários*". (COELHO, Fábio Ulhoa. Manual de direito comercial. 14. ed. São Paulo: Saraiva, 2003, p. 11-12)

[296] Cabe referir que Alvino Lima não aceita a extensão do conceito de culpa à culpa levíssima, por não encontrar nela a consciência psicológica moralmente imputável que, segundo ele, caracterizaria do conceito de culpa. Vide Culpa e Risco, pp. 70-71. Não há como concordar com o doutrinador nesse ponto específico, haja vista que a determinação do padrão de conduta deve atender às características excepcionais de determinadas relações. Não se pode exigir uma conduta média de uma pessoa detentora por natureza de potencialidades acima da média. O fornecedor, por ser um profissional, tem por característica um conhecimento acima da média sobre a sua atividade. A professora Judith Martins-Costa bem ressalta esta exceção relativa ao profissional: "*Hoje em dia tem-se que a culpa, em sentido próprio, não só exclui a culpa levíssima como deve ser apreciada sempre in concreto, tendo presente a pessoa em suas cisrcuntâncias. Isto significa dizer que, na comparação entre a conduta efetivamente ocorrida e a que seria devida, não se tem como parâmetro a abstrata figura de um 'especialista', mas o standard da 'pessoa razoável' (salvo quando se tratar de alguém que deva agir como especialista*". (MARTINS-COSTA, Judith. Comentários ao novo código civil. Do inadimplemento da obrigações. Vol. V, Tom. II, Rio de Janeiro: Forense, 2003, p. 234.). Com efeito, o fornecedor de produtos e serviços é uma pessoa que deve agir como especialista.

[297] Ernest Weinrib cita esta possibilidade de aumento no grau de diligência como uma comprovação da presença do exame da culpabilidade: "*Second, the restriction of the defendants ability to invoke lack of fault echoes the commonplace of negligence law, that the more risky the defendants activities, the more diligent the defedant must to be to prevent the risk from materializing*". (WEINRIB, The idea..., p. 188)

clássica da culpa, a conclusão possível e condizente com a especificidade das normas que disciplinam a matéria é no sentido da adoção da teoria da culpa levíssima presumida, eis que o dever de segurança foi imposto no grau máximo e, que cabe ao fornecedor, como profissional, afastá-la, pois ao consumidor não é necessária a prova da culpa como disciplinam os próprios arts. 12 e 14 através do elemento normativo "independentemente da existência de culpa".[298] Para reforçar essa solução, cabe novamente citar o saudoso professor Clóvis do Couto e Silva:

> Dans la measure où les changements du milieu social deviennent plus importants et la distribuition des risques ait de nouveaux mécanismes, il arrivéu une possibilité toujours croissante d'affirmation jurisprudentielle du principe de la faute très legère.[299]

É possível constatar que essa diferença de padrões é condizente com a diferença de contextos que se está a tratar da responsabilidade civil. Diferentes contextos sociais podem determinar um nível de exigência maior na atuação do devedor que condiga com a liberdade da outra parte, credora. Nesse sentido, essa elevação do grau de exigência só pode ser pensada nos termos da justiça comu-

---

[298] A jurisprudência do Tribunal de Justiça do Rio Grande do Sul também reforça a desnecessidade da comprovação da culpa levíssima do fornecedor bastando a comprovação do dano e do nexo causal em relação ao fato do produto: "Apelação Cível. Responsabilidade civil. Cerceamento de defesa inocorrente. Produto para alisar e tingir cabelos. Desnaturação e desintegração da proteína capilar. Responsabilidade objetiva pelo fato do produto caracterizada. 1. (...) 2. MÉRITO. Trata-se de *responsabilidade* pelo **fato** do *produto* e do serviço, prevista no art. 12, do CDC, e, portanto, *responsabilidade* objetiva mitigada, cabendo ao *consumidor* mostrar o fato do produto, o prejuízo e o nexo de causalidade entre eles e, ao *fornecedor*, desconstituir o risco e o nexo causal. Os produtos e serviços colocados no mercado devem cumprir um objetivo de segurança, sendo o desvio dessa característica ensejador de vício de qualidade. A obrigação de indenizar surge quando tais riscos fogem ao controle do *consumidor*, de forma que, em decorrência de qualquer defeito, tem sua saúde ameaçada, pela imprevisibilidade do dano ocasionado pelo consumo. Então é o defeito, como causador do acidente de consumo, o elemento ensejador da *responsabilidade civil* objetiva. No caso, comprovados os elementos da responsabilidade civil, sendo inegável que a alteração maléfica da aparência da autora, quando a mesma esperava justamente o contrário ao aplicar o produto no seu cabelo, agrediu-a nos seus sentimentos de auto-estima, prejudicando a sua avaliação própria e denegrindo a própria imagem. Tais circunstâncias, sem sombra de dúvidas, causaram-lhe constrangimentos, variáveis é verdade, mas sempre presentes. Daí a necessidade de reparação dos danos morais. Manutenção do *quantum* indenizatório arbitrado *a quo*. (Apelação desprovida. Unânime". (Apelação Cível, n. 70013124862, 9° Câmara Cível, Rel. Des. Odone Sanguiné, jul. 19/04/2005)

[299] COUTO E SILVA, Principes..., p. 94.

tativa, pois os padrões que estabelecem o limite entre os arbítrios e, por conseguinte, o conteúdo do direito e do dever em jogo devem ser pensados em cada contexto.[300] O direito à segurança dado ao consumidor só pode ser pensado como um correlato do dever de segurança do produtor. Assim, o direito à segurança só pode ser exigido em termos de um dever de segurança cujo cumprimento seja possível ao devedor (fornecedor). A diferença de padrões no exame da culpabilidade só pode ser pensada nos termos do formalismo.[301]

Nesse sentido, ainda, o professor americano Richard W. Wright cita três aspectos que devem ser levados em conta na determinação do nível de cuidado dos diferentes padrões de culpabilidade: 1) o risco em questão;[302] 2) as perspectivas objetivas ou subjetivas de análise e; 3) o critério substantivo de razoabilidade.[303]

Quanto à análise da responsabilidade civil pelo fato do produto e do serviço no direito brasileiro, o nível máximo de cuidado que consubstancia o dever de segurança do fornecedor se justifica pelos três aspectos elencados por Richard Wright. O risco objeto do fornecimento de produtos e serviços é superior às condições normais encontradas nas relações estabelecidas na sociedade. A perspectiva da análise é objetiva na medida em que não se atenta para as qualidades específicas do devedor (fornecedor) particular, mas sim a um

---

[300] Nesse compasso, Richard Wright ao tratar dos diferentes níveis de cuidado exigidos no direito norte-americano no que se refere à *negligence liability*: "*However, consistent with the equal freedom theory, defendants and plantiffs are only deemed negligent for being below the required level of care, not for being above it. Only when one is below the required level of care is there an impermissible interference with the rights of others (defendant's primary negligence) or a failure properly to respect one's own humanity (plantiff's contributory negligence)*". (WRIGHT, *The standards...*, p. 256)

[301] Mister, novamente, destacar o ensinamento de Richard Wright: "*Under the Kantian-Aristotelian theory, which is based on the foundation norm of equal individual freedom rather than the maximization of aggregate social welfare, the respective weights to be given to an actor's interests and the interests of others who might be affected by the action will vary considerably depending on (among other factors) who is being put at risk, by whom, and whose benefit*". (Ibidem, p. 256)

[302] Vide a análise de Weinrib referente ao nível de risco como elemento definidor do padrão de conduta exigível em termos de responsabilidade civil (WEINRIB, *The idea...*, p. 189-190)

[303] "*This is evident for all three aspects of the standards of care: the risks taken into account, the perpectives applied, and the substantive criteria of reasonableness*". Vide análise de cada aspecto nas páginas 257/261 no que pertine a responsabilidade civil no direito norte-americano. (Ibidem, p. 257)

padrão objetivo de excelência da técnica relativa àquele produto.[304] O critério substantivo de razoabilidade[305] permite exigir um grau máximo de segurança, eis que acessível ao fornecedor que tem por característica inerente a profissionalidade e, por consequência, o monopólio da técnica e da informação.[306] [307]

---

[304] Cabe, nesse aspecto da dicotomia entre análise objetiva ou subjetiva da culpa, a referência a importante obra de Mauro Bussani, As Peculiaridades da Noção de Culpa, na qual o referido autor defende uma análise subjetiva da culpa e a fixação de *standards* de acordo com o caso concreto. Contudo, Mauro Bussani ressalta expressamente a exceção para os casos em que a superioridade do agente é inerente a sua condição: *"Nenhum problema surge, obviamente, quando a atividade em questão apresente-se de modo a expressar uma superioridade, por assim dizer, absoluta (informação inédita, força corpórea orgânica e completa): aqui a elevação do standard é determinada de modo plano [...] em virtude da mera constatação das especiais condições em que age o indivíduo"*. (BUSSANI, Mauro. Peculiaridades da noção de culpa: um estudo de direito comparado. Trad. Helena Saldanha, Porto Alegre: Livraria do Advogado, 2000, p. 164)

[305] Quanto ao estudo do princípio da razoabilidade, cabe destacar a análise do professor Humberto Ávila na sua obra Teoria dos Princípios, em que ele destaca o sentido da 'razoabilidade como congruência': *"A razoabilidade exige uma relação congruente entre o critério de diferenciação escolhido e a medida adotada"*. (ÁVILA, Humberto. *Teoria do princípios*: da definição à aplicação dos princípios jurídicos. São Paulo: Malheiros, 2005, p. 108)

[306] Nesse aspecto, cabe ressaltar os ensinamentos da professora Véra Fradera: *"Com relação aos profissionais, sobretudo quando a profissão envolve conhecimentos extremamente técnicos, como o caso da pilotagem de aeronaves, a observância rígida das normas atinentes à atividade é determinante na qualificação do desempenho como correto. Não é o caso quando o profissional não tem formação técnica, situação em que não se poderia exigir esse comportamento"*. (FRADERA, Véra Maria Jacob de. Conceito de Culpa. *Revista dos Tribunais*, n. 770, 88º ano, dezembro de 1999, p. 121)

[307] Nesses termos, não é possível concordar com a decisão do 5º Grupo Cível do TJRS que isenta a responsabilidade do fornecedor, no caso da atividade de um parque de diversões que faltou com a segurança permitida pela melhor técnica existente referente ao brinquedo denominado de toboágua: "Embargos Infringentes. Responsabilidade civil. Morte de menor decorrente de queda em toboágua. Produto e serviços seguros e não perigosos, desde que seguidas as instruções de uso. Dever de indenizar não configurado. 1. O feito versa sobre pedido de indenização por danos materiais e morais decorrentes da morte de filho e irmão menor, ocorrida quando a vítima, ao utilizar o brinquedo denominado toboágua nas dependências do clube requerido, foi projetada para fora do equipamento, caindo de uma altura de aproximadamente três metros, com a cabeça no chão, falecendo, assim, imediatamente. 2. Conforme perícia realizada a pedido do Ministério Público, o brinquedo não apresenta qualquer defeito de manutenção ou de instalação, sendo recomendado pelos engenheiros, entretanto, que houvesse proteção superior, em forma de tubo, em todas as curvas. 3. Instaurado também Inquérito Policial, que concluiu pela ocorrência de morte acidental. Realizada, ainda, perícia pelo Departamento de Criminalística. 4. Em que pese a falta da proteção em forma de túnel ao longo de toda a trajetória, a conclusão dos peritos que examinaram o toboágua é no sentido de que tal equipamento é seguro quando utilizado conforme as instruções do fabricante, ou seja, sentado ou deitado, com os pés para frente. Contrariu sensu, é inseguro quando usado com imprudência pelo usuário, em desconformidade com as

Cabe salientar, ainda, que essa conclusão é reforçada pelas excludentes de responsabilidade determinadas pelo Código de Defesa do Consumidor. As excludentes de responsabilidade tratam, na realidade, de comprovação de ausência de culpa do produtor.[308] Ao comprovar que não houve colocação do produto no mercado, não houve defeito ou culpa exclusiva da vítima ou de terceiro,[309] o fornecedor está excluindo a culpa levíssima presumida,[310] pois de-

---

orientações do fabricante, daí a recomendação da proteção adicional, para prevenir acidentes quando os usuários desrespeitam as normas de segurança. 5. Ainda, inexistentes normas ou regulamentação específica sobre o toboágua, conforme informado pela ABNT – Academia Brasileira de Normas Técnicas. 6. No que concerne à prestação de serviço pelo clube, no sentido de orientar os usuários dos brinquedos, a prova testemunhal refere a existência de um ou dois monitores no local. Outrossim, havia placa contendo as recomendações de uso do brinquedo. 7. Quanto à conduta da vítima, não bastasse a prova testemunhal referindo que o menino era imprudente no toboágua, a prova pericial técnica vem a corroborar tal conclusão, já que o aparelho, se usado nas posições indicadas, não oferecia perigo, sendo praticamente impossível que alguém, em condições normais, fosse lançado para fora dele. 8. O toboágua, enquanto produto, mesmo que guarde, como a maioria dos bens postos à disposição do consumidor, certo grau de perigosidade, não é potencialmente perigoso, uma vez que, seguidas corretamente as instruções de uso, é absolutamente seguro. E, mesmo admitindo-se que potencialmente nocivo ou perigoso fosse, seus usuários, conforme já demonstrado, foram bem informados e encaminhados acerca de como proceder, na forma prevista no art. 9º do CDC. 9. Inocorreu, in casu, acidente de consumo (arts. 12 a 17 do CDC), porquanto inexistente defeito no produto ou na prestação do serviço. O fato de os peritos recomendarem a cobertura do brinquedo, para que tomasse a forma de túnel e, assim, prevenisse acidentes com usuários imprudentes, não significa que o toboágua, como estava, era impróprio. 10. Não configurados os pressupostos autorizadores da responsabilidade civil, não há falar em dever de indenizar. Ação de indenização julgada improcedente. Embargos Infringentes providos, por maioria de votos. Ação de indenização julgada improcedente". (Embargos Infringentes, n. 70013128160, 5º Grupo Cível, Rel. Des. Íris Helena Medeiros Nogueira, jul. 18/11/2005)

[308] Cumpre salientar, ainda, que a excludente do caso fortuito e da força maior, efetivamente, afasta o nexo causal entre a colocação do produto defeituoso no mercado e o dano causado à vítima. Nesse sentido, cabe destacar a análise de SANSEVERINO, *Responsabilidade...*, p. 288-297.

[309] "Art. 12 [...] § 3º O fabricante, o construtor, o produtor ou o importador só não será responsabilizado quando provar: I – que não colocou o produto no mercado; II – que, embora haja colocado o produto no mercado, o defeito inexiste; III – a culpa exclusiva do consumidor ou de terceiro".

[310] O professor Adalberto Pasqualotto entende que as excludentes referem-se ao nexo causal e não à culpa: *"Três situações em que não é devida indenização, ainda que o consumidor algum dano sofra: a) se o fornecedor demandado não colocou em circulação o produto causador do dano (v.g., se o produto é falsificado); b) se o produto não é portador de defeito, sendo provavelmente outra a causa do dano; c) se houve culpa exclusiva da vítima ou de terceiro. As três situações referem-se ao nexo causal, inclusive a terceira, onde a palavra culpa está em lugar de fato"*. (PASQUALOTTO, Adalberto. Proteção contra produto defeituosos: das origens ao MERCOSUL. *Revista da Faculdade de Direito*

monstra que não houve falta de diligência ou cuidado no padrão de excelência máxima que se exige de um profissional.[311] Assim, o produtor infringe o dever de segurança e informação baseados no princípio da boa-fé objetiva e, consequentemente, pode ser responsabilizado, quando não atinge o padrão máximo de qualidade acessível ao "estado da arte",[312] o que caracteriza a sua culpa.[313]

No mesmo sentido, o art. 13 do código consumeirista determina a responsabilidade do comerciante somente nos casos elencados que configuram nada mais do que falta aos deveres de segurança ou informação no padrão de máxima qualidade acessível à técnica atual à colocação do produto em circulação. O comerciante infringe o dever de segurança ao fornecer um produto sem identificação do produtor ou sem identificação clara (falta ao dever de informação) e, quando não conserva adequadamente o produto (falta ao dever

---

da UFRGS. Vol. 20, Out./2001, Porto Alegre. p. 30). É necessário concordar com a referida conclusão no que concerne à não colocação do produto no mercado e à culpa da vítima ou de terceiro, pois, antes de eliminar a culpa, fulminam o nexo causal. Contudo, quanto à ausência de defeito, é clara a constatação de que o produto não defeituoso pode causar um acidente de consumo o que preserva o nexo causal, mas não preserva a culpa, eis que ausente a falta de diligência no cumprimento do dever de segurança.

[311] Ernest Weinrib bem salienta essa conclusão: *"The fact that defendants can exonerate themselves by showing that the injury resulted from acts of God, vis major, or acts of third parties shows that culpability is still operative. The basis of this exonerating conditions is that, as in the corrective justice approach proximitive cause in negligence, liability is restricted to injuries that fall within the ambit of the risk".* (WEINRIB, *The idea...,* p. 188)

[312] Importante o ensinamento de João Calvão Silva: *"Atente-se em que o estado da arte ou estado da ciência e da técnica é critério da cognoscibilidade do defeito e não padrão de conduta produtor. [...] O que conta, pois, é a impossibilidade absoluta, a impossibilidade geral da ciência e da técnica para descobrir a existência do defeito, e não a impossibilidade subjectiva do produtor; relevante é que as possibilidades objectivas de conhecimento do defeito não existam em geral no mundo, que os riscos e vícios do produto não sejam pura e simplesmente cogniscíveis".* (SILVA, Responsabilidade..., p. 513)

[313] Cumpre referir que a mesma conclusão é compartilhada por parte da doutrina europeia como salienta João Calvão Silva: *"Assim JOLOWICZ, que vê na defesa do estado da arte a destruição da 'presunção de negligence', 'parecendo que deste ponto de vista a directiva não mudará sensivelmente o direito actual'; MERKIN, para quem 'o grande efeito da mesma defesa é incorporar na lei aquilo a que se chega com a responsabilidade baseada na negligence'; JONES/STEWART, segundo os quais a 'section 4 (1) (E)' – norma que na recente Lei de Protecção do Consumidor na Inglaterra consagra a defesa do risco de desenvolvimento – 'preserva efectivamente os princípios do direito da negligence'; GIESEN, contundente na afirmação de que 'a exclusão da responsabilidade por riscos de desenvolvimento e correspectivo regresso ao critério da responsabilidade por culpa torpedeia o objectivo essencial da protecção ao consumidor prosseguido pela introdução da responsabilidade objectiva'; WHITAKER, para que o resultado da defesa do estado da arte será 'a liability which is superficially strict, but substancially fault-based'".* (SILVA, Responsabilidade..., p. 507)

de segurança).[314] Por conseguinte, a culpa presumida levíssima também fundamenta a responsabilidade do comerciante, pois este é presumido culpado quando há ausência de informação do produtor e quando há má conservação desse produto, podendo se utilizar das excludentes anteriormente destacadas.

Diante do explicitado, a responsabilidade pelo fato do produto e do serviço no Código de Defesa do Consumidor não prescinde do exame da culpa como falta de segurança, (no grau máximo exigido de um profissional, ou seja, a culpa levíssima) no cumprimento de um dever de segurança. Não cabe, entretanto, ao consumidor comprovar a culpa do fornecedor por expressa previsão normativa (caracterizando a culpa presumida), mas, sim, há a possibilidade de o fornecedor afastar a sua responsabilidade quando comprovar que não faltou com a segurança e informação devidas acessíveis através da melhor técnica existente.

Tal responsabilidade não é a centrada na teoria clássica da culpa[315] que tem um padrão de diligência médio, do homem racional comum, nem é centrada na teoria do risco decorrente da atividade de produção. A responsabilidade pelo fato do produto e do serviço no Código de Defesa do Consumidor, por conseguinte, é especial, fundada no defeito, o que, tecnicamente, determina a análise da culpa levíssima presumida, ou seja, uma responsabilização *sui generis*.

2.2.2.2. O Código Civil Brasileiro

Quanto ao Código Civil, a responsabilidade pelo fato do produto está disciplinada no art. 931, que tem a seguinte redação: "Ressalvados outros casos previstos em lei especial, os empresários individuais e as empresas respondem independentemente de culpa pelos danos causados pelos produtos postos em circulação."

Pela simples interpretação literal do referido dispositivo, seria possível concluir que o diploma civilista adotou a teoria do risco

---

[314] "Art. 13. O comerciante é igualmente responsável, nos termos do artigo anterior, quando: I – o fabricante, o construtor, o produtor, ou o importador não puderem ser identificados; II – o produto for fornecido sem identificação clara do seu fabricante, produtor, construtor, ou importador; III – não conservar adequadamente os produtos perecíveis".

[315] A teoria clássica da culpa foi mantida para análise da responsabilidade civil dos profissionais liberais consoante expressa exceção prevista no art. 14, § 4º, do Código de Defesa do Consumidor: "§ 4º A responsabilidade pessoal dos profissionais liberais será apurada mediante a verificação de culpa".

integral para responsabilização do fabricantes de produtos, vez que o único elemento necessário para a imputação da responsabilidade seria o desenvolvimento da atividade produtora. Tal interpretação, entretanto, não condiz com o nosso sistema de responsabilização do produtor, eis que contraria toda a racionalidade do instituto da responsabilidade civil pelo fato do produto e do serviço conforme aqui analisado na sua construção teórica e prática.

Nesse aspecto, inclusive, cabe mencionar a existência de uma interpretação na doutrina, não aplicada pelos tribunais pátrios em geral, que defende a aplicação do art. 931 do Código Civil como preponderante e reformadora da sistemática da responsabilidade do pelo fato do produto prevista no Código de Defesa do Consumidor.[316] Tal interpretação se posiciona pela adoção de uma responsabilidade pelo risco integral da atividade de fornecimento de produtos com base em dois argumentos centrais: primeiramente, o argumento no sentido de que o Código Civil é lei posterior mais benéfica ao consumidor (ampliaria a responsabilidade do fornecedor) e, completando, o argumento que a interpretação constitucional estabeleceria a necessidade de aplicação do princípio constitucional da solidariedade o que acarretaria a adoção de uma socialização dos riscos de produção e de garantia de uma maior proteção ao consumidor. Contudo, essa interpretação se mostra inviável, pois, sabidamente, a lei geral posterior não revoga a lei especial anterior, exceto quando expressamente assim procede.

Ademais, como já referido supra, a socialização dos riscos tende a limitar os investimentos em qualidade, pois a maior ou menor qualidade são indiferentes na socialização diante da possibilidade de repasse dos custos com as indenizações ou, quando esse repasse não for viável em virtude da competição do mercado, a diminuição generalizada de investimentos em qualidade promovida uniformemente pelos concorrentes. Por não ser viável a mensuração dos custos exatos com a busca de qualidade em comparação aos custos

---

[316] Nesse aspecto, cumpre mencionar os enunciados da Jornada de Direito Civil: "42 – Art. 931: o art. 931 amplia o conceito de fato do produto existente no art. 12 do Código de Defesa do Consumidor, imputando responsabilidade civil à empresa e aos empresários individuais vinculados à circulação dos produtos." e "43 – Art. 931: a responsabilidade civil pelo fato do produto, prevista no art. 931 do novo Código Civil, também inclui os riscos do desenvolvimento." (Jornada de Direito Civil, STJ, no período de 11 a 13 de setembro de 2002, promovida pelo Centro de Estudos Judiciários do Conselho da Justiça Federal – CJF, no período de 11 a 13 de setembro de 2002, sob a coordenação científica do Ministro Ruy Rosado, do STJ).

com o pagamento das indenizações, visto a complexidade em geral de tal levantamento, investir em qualidade pode ou não ser mais eficiente economicamente ao fornecedor. Assim, diante de tal incerteza sobre a eficiência de investimento em qualidade e diante de um sistema de socialização, o fornecedor tenderá a ser incentivado a não investir em qualidade e, quando do surgimento dos acidentes, implementar, quando possível, o repasse dos custos relativos aos acidentes com produtos aos consumidores. Por conseguinte, na realidade, pela análise das consequências prováveis, a tendência é que se estabeleça um incentivo ao não investimento em qualidade com um quadro normativo de excesso de responsabilidade. Que incentivo o fornecedor teria para investir em segurança em relação aos riscos de desenvolvimento se ele terá que indenizar de qualquer maneira os danos decorrentes desses riscos não conhecíveis?[317]

Caso fosse possível a responsabilidade centrada no risco integral, estaria sendo determinada uma responsabilidade mais agravada nas relações puramente civis e empresariais do que nas relações de consumo, ou seja, o consumidor, por estar sujeito ao código especial, somente poderia buscar a responsabilidade do fornecedor com a análise da existência do defeito. Por outro lado, o empresário que adquirisse um produto, no desenvolvimento de sua atividade empresarial, poderia buscar responsabilizar um produtor que lhe fornecesse matéria-prima com a simples comprovação do dano e da atividade. Não haveria necessidade de análise do defeito na relação empresarial, eis que a responsabilidade seria fundada no simples desenvolver da atividade produtora. Tal interpretação contraria os ditames constitucionais de proteção e defesa do consumidor (arts. 5º, XXXII, e 170, inciso V, supracitados). Contrariando o argumento centrado na posterioridade do Código Civil, ainda, deve-se ter em conta que a inserção do referido dispositivo no projeto de código ocorreu antes da elaboração e entrada em vigor do Código de Defesa do Consumidor e da Constituição Federal, o que determina a necessidade de interpretação desse dispositivo de maneira coerente com as legislações de elaboração mais recente.[318]

---

[317] Nesse aspecto, reitera-se a análise de Fabiano Koff Coulon e Ely Mattos sobre a dificuldade de distribuição de custos para os casos de produtos com demandas muito elásticas (vide nota de rodapé 255).

[318] Nesse sentido, Sérgio Cavalieri Filho assim ensina: *"Esse dispositivo não estava previsto no projeto original do Código Civil. Foi introduzido na Câmara dos Deputados por emenda do deputado Emanuel Waismam, com o objetivo de proteger o consumidor. Estávamos na década de 70, quando*

Ademais, há uma necessidade normativa expressa no sentido de determinar a aplicação do art. 931 do Código Civil em conformidade com a disciplina da responsabilidade do fato do produto e do serviço insculpida no Código de Defesa do Consumidor. O art. 17 estende a aplicação das normas do Código de Defesa do Consumidor a todas as vítimas do evento danoso.[319] Assim, o art. 17 estende o espectro de aplicação do código consumeirista a todas as relações que tratarem de responsabilidade pelo fato do produto ou do serviço independentemente de ser uma relação de consumo ou não, pois todas as vítimas são equiparadas a consumidores.

Cabe referir, ademais, que, por não mencionar a responsabilidade pelo fato do serviço, poderia ocorrer uma interpretação incoerente no sentido da determinação de responsabilidade fundada no risco integral da atividade somente para os empresários que atuam na produção, isentando os empresários que disponibilizam serviços no mercado, o que somente acarretaria a configuração de um sistema de responsabilização incoerente.

Assim sendo, a responsabilidade pelo fato do produto, normatizada no art. 931 do Código Civil e, por consequência, aplicada nas relações civis e empresariais, deve ser interpretada à luz do sistema de responsabilidade pelo fato do produto disposto no Código de Defesa do Consumidor.[320] Cabe, portanto, reiterar que a responsa-

---

ainda não existia o Código do Consumidor. O fornecedor só respondia por culpa cuja prova era praticamente impossível, de sorte que o consumidor estava entregue à própria sorte. Enquanto o projeto de Código Civil hibernava no Congresso Nacional, foi editado o Código do Consumidor contendo disposição sobre a mesma matéria, mas com técnica legislativa mais aprimorada. Neste art. 931 do novo CC, portanto, temos responsabilidade pelo fato do produto, tal como prevista no art. 12 do CDC". (CAVALIERI FILHO, Sérgio. Responsabilidade civil no Código de defesa do Consumidor. *Revista de Direito do Consumidor*, São Paulo, n. 48, out./dez. 2003, p. 82)

[319] "Art. 17. Para os efeitos desta Seção, equiparam-se aos consumidores todas as vítimas do evento".

[320] Reitera-se, por outro lado, que o art. 927, parágrafo único, do Código Civil impõe uma responsabilidade objetiva com base no risco criado, pois determina uma responsabilidade pelo simples desenvolver de uma atividade que, por natureza, gere risco para os direitos de outrem. Assim, a responsabilização não depende da falta de cuidado, como no Código de Defesa do Consumidor, mas no simples desenvolvimento de uma atividade que gere risco por sua natureza. Tal dispositivo deve ser interpretado como referente aos riscos anormais e atividades de alta periculosidade, assim como foi normatizado pela legislação respeitante à responsabilidade pelo dano nuclear, regulada pela Lei n. 6.453/77. Assim ensina Eugênio Facchini Neto: *"Percebe-se, assim, que a lição do direito comparado é no sentido de que cabe substancialmente ao magistrado identificar a periculosidade da atividade, mediante análise tópica. Não se trata de simples 'decisionismo' judicial, em que cada juiz possa desenvolver um critério próprio".*

bilidade do empresário dependerá da prova da existência, além do dano e do nexo causal, do defeito do produto ou serviço. O defeito caracteriza, como supra-analisado, a análise da culpa levíssima presumida. De tal sorte, no caso apresentado na introdução deste estudo, o elemento que fundamenta a responsabilidade civil da empresa ré pela reparação dos danos causados em incêndio de um automóvel não é a culpa da empresa (análise subjetiva), nem tampouco o desenvolvimento de uma atividade de risco (análise objetiva), mas sim um terceiro elemento – o defeito – próprio da sistemática da responsabilidade pelo fato do produto e do serviço, que exige a comprovação da falta ao dever de segurança ou informação.

2.2.3. A manutenção da justiça comutativa

Uma vez compreendidas as características do sistema de responsabilidade pelo fato do produto e do serviço no Código de Defesa do Consumidor e no Código Civil, bem como a definição de tal responsabilidade com base na ocorrência do defeito e, de tal forma, da análise da culpa levíssima presumida do fornecedor, cumpre demonstrar que essa sistemática está estruturada conforme a justiça comutativa no que concerne à responsabilidade civil.

Como salientado quando da análise da necessária coerência no estudo da responsabilidade civil, para o formalismo, não basta a presença de certas características essenciais na estrutura normativa de imputação de responsabilidade. É necessário que todas as características sejam coerentemente relacionadas conforme a causa formal que estabelece o princípio de unidade dos elementos. Como já destacado, o que dá unidade e define a causa formal é a causa final.[321] A finalidade e as demais características da estrutura devem estar organizadas de maneira coerente.

2.2.3.1. A reparação integral

A normatização determinada pelo Código de Defesa do Consumidor, apesar da influência recebida da Diretiva Europeia n.

(FACCHINI NETO, Eugênio. Da responsabilidade civil no novo Código. In: SARLET, Ingo Wolfgang (org.). *O Novo Código Civil e a Constituição*. Porto Alegre, Livraria do Advogado, 2003, p. 167)

[321] Vide análise da necessária coerência no item 2.1.3.1 acima.

85/374/CEE, claramente se distanciou dessa influência ao disciplinar a fixação do *quantum* indenizatório nos casos de responsabilidade pelo fato do produto e do serviço, pois, enquanto a legislação brasileira definiu como princípio a reparação integral dos danos causados às vítimas do evento danoso, na esteira da tradição pátria,[322] a legislação comunitária impôs o tarifamento das indenizações, reforçando, assim, a defesa do consumidor em detrimento da tutela da empresa ante a realidade social brasileira.[323]

Nesses termos, o ordenamento jurídico está disposto nas bases exigidas pela correlatividade entre ganho e perda, exigida pela forma explicitada na teoria formalista. Como já salientado quando da análise da correlatividade[324] exigida pelo formalismo, o que o ofensor ganha ilicitamente (no caso o fornecedor) corresponde exatamente ao que o ofendido (o consumidor) perde em termos normativos (de arbítrio) e, na determinação do montante indenizatório, o ganho a ser retirado do devedor (fornecedor), portanto, é mensurado exatamente pelo que falta para ressarcir o credor (consumidor).[325]

A Lei 8.078/90, ao explicitar no art. 6°, inciso VI, que é direito básico do consumidor "a efetiva prevenção e reparação dos danos patrimoniais e morais, individuais, coletivos e difusos", não limitou de qualquer forma a indenização devida pelo fornecedor nos casos de ocorrência de acidentes de consumo. A indenização deve corresponder exatamente ao dano sofrido pelo consumidor atendendo à característica da correlatividade entre o que se perdeu indevidamente e o que será retirado do devedor para reparar essa perda, consoante a estrutura da justiça comutativa aristotélica e a correspondência entre dever e direito subjetivo no pensamento kantiano.

---

[322] Assim ensina o professor Paulo Sanseverino: "*O legislador brasileiro respeitou a tradição de nosso ordenamento jurídico de acolhimento do princípio da reparação integral do dano. O Código Civil de 1916 consagra o princípio da reparação integral do dano tanto para a responsabilidade contratual (art. 1.059) quanto para a responsabilidade extracontratual (art. 1.518). O novo Código Civil adota o princípio da reparação integral no art. 944, mas abre exceção no parágrafo único: redução eqüitativa na medida da culpabilidade. A Lei n. 8.078/90 seguiu o mesmo caminho, não estabelecendo limitações às indenizações decorrentes de danos causados por acidentes de consumo [...]*". (SANSEVERINO, *Responsabilidade...*, p. 220.). No mesmo diapasão, ensina a professora Cláudia Lima Marques: "*Note-se que o sistema do CDC, ao contrário da Diretiva européia, não prevê um teto máximo para as indenizações*". (MARQUES, *Contratos...*, p. 1043, nota 775)

[323] Vide, novamente, a análise de SANSEVERINO, op. cit., p. 221-222.

[324] Vide análise da correlatividade no item 2.1.3.2.

[325] Nesse aspecto, reitera-se o estudo de WEINRIB, *The idea...*, p. 115-116.

Assim, o direito consumeirista garante a dignidade do consumidor, pois este será indenizado pela totalidade de seu prejuízo e a dignidade do fornecedor, pois também este não pode ser condenado em quantia superior ao prejuízo sofrido pelo consumidor. A responsabilidade civil, nos termos dispostos no Código de Defesa do Consumidor, tem a punição, dissuasão e o incentivo à iniciativa privada como objetivos secundários, vinculados ao objetivo maior que é a efetiva reparação dos danos causados ao consumidor,[326] o que mantém a causa final como sendo a igual dignidade das pessoas.

2.2.3.2. A relação entre direito do consumidor e dever do fornecedor (segurança e informação)

Como analisado anteriormente o estudo da responsabilidade pelo fato do produto e do serviço está centrado na análise de direitos básicos do consumidor. Os direitos à segurança e à informação garantidos aos consumidores são correlatos ao dever de segurança e ao dever de informação impostos ao fornecedor. Foi aqui demonstrado que o fundamento desses deveres está no princípio da boa-fé objetiva. A boa-fé objetiva, na responsabilidade por acidentes de consumo, define um padrão de segurança em grau de excelência. Tal dever de garantir máxima segurança imposto ao fornecedor delimita exatamente o conteúdo do direito à máxima segurança garantido ao consumidor. Nesse aspecto, não há como compatibilizar a responsabilidade do fornecedor pelos chamados riscos de desenvolvimento, como anteriormente analisado, eis que se estaria a determinar um direito ao consumidor além das possibilidades de atuação do fornecedor, exigindo uma segurança impossível de ser concretizada.

---

[326] É necessário relembrar que as indenizações punitivas, características do direito norte-americano, foram expressamente vetadas na elaboração do Código de Defesa do Consumidor, através do veto ao art. 16 que tinha a seguinte redação: "Art. 16 – Vetado – Se comprovada a alta periculosidade do produto ou serviço que provocou o dano, ou grave imprudência, negligência ou imperícia do fornecedor, será devida multa civil de até um milhão de vezes o Bônus do Tesouro nacional – BTN, ou índice equivalente que venha substituí-lo, na ação proposta por qualquer dos legitimados à defesa do consumidor em juízo, a critério do juiz, de acordo com a gravidade e a proporção do dano, bem como a situação econômica do responsável". Vide a análise de Maria Cecília Bodin Moraes sobre as *punitive damages*. (MORAES, Maria Cecília B. Punitive damages em sistemas civilistas. *Revista Trimestral de Direito Civil*, São Paulo, v. 18, p. 45-48, abr./jun. de 2004)

Conforme analisado acima (item 1.2.3), para Kant a lei universal que fundamenta o pensamento formalista determina que os direitos subjetivos nada mais são do que reflexos dos deveres como faculdade de obrigar as outras pessoas por seus deveres.

A correlatividade é expressa através do entendimento da obrigação como um vínculo estruturado através de credores detendo direitos subjetivos e, correspondentemente, os devedores recebendo deveres correlativos. O ato de prestação exigido do devedor é, justamente, o ato a que tem direito o credor. Portanto, a prestação de segurança máxima devida pelo fornecedor é a prestação de segurança garantida ao consumidor. Quando o fornecedor falta com essa segurança que seria possível pela técnica contemporânea à colocação do produto no mercado, infringe um direito básico do consumidor e, de tal sorte, lhe é imputada a responsabilidade.

2.2.3.3. A personalidade preservada

O conceito de personalidade (vide item 2.1.3.3), consoante o formalismo, determina uma ideia indispensável para compreensão do sujeito de direitos e deveres numa relação jurídica obrigacional, pois reflete o conceito de dignidade da pessoa, como comprovado na análise do direito kantiano.[327] No que diz respeito àquele que infringe um dever, a personalidade define a capacidade para a intencionalidade racional que contém as condições indispensáveis para o entendimento da responsabilidade decorrente dos efeitos da ação de alguém que poderia seguir a razão. A personalidade define a ação racional que pode-se exigir de um fornecedor de produtos e serviços. A ação racional que é possível exigir do fornecedor é a colocação do produto ou do serviço com a máxima qualidade de forma a atender a máxima segurança. Nesse sentido, os defeitos decorrentes da produção em série serão de responsabilidade do produtor, por exemplo, sempre que for possível provar a possibilidade de produção do mesmo produto sem defeito.

---

[327] Novamente, reitera-se os ensinamentos de Kant: "somente o homem, e com ele cada criatura racional, é fim em si mesmo. Ou seja, ele é o sujeito da lei moral, que é santa em virtude da autonomia de sua liberdade [...] Com razão atribuímos essa condição até à vontade divina em relação aos entes racionais no mundo, como criaturas, na medida em que ela se funda sobre a personalidade dos mesmos, pela qual, unicamente, eles são fins em si mesmos". (KANT, Crítica..., p. 305-307)

Noutro sentido, em relação ao sujeito que sofre um prejuízo injustificado, a personalidade configura a base dos direitos que delimitam uma esfera de liberdade e dignidade inviolável de cada ser humano. A esfera de proteção que se garante ao consumidor é justamente a de não sofrer danos decorrentes de uma insegurança que poderia ser evitada. A responsabilidade do fornecedor ocorre quando a sua atuação é irracional (colocação de um produto defeituoso no mercado), sendo inconsistente com os direitos à segurança e informação garantidos às outras pessoas (consumidores) e, consequentemente, inconsistente com o seus próprios deveres, pois a relação entre direitos e deveres é necessária em decorrência da correlatividade já mencionada no ponto anterior.

Assim, a análise do formalismo com base na justiça comutativa aristotélica e no direito kantiano também resta configurada pela preservação do conceito de personalidade na estrutura definidora da responsabilidade pelo fato do produto e do serviço.

Conclusão

Do cotejo dos argumentos apresentados no presente estudo, Aristóteles, consegue com a política unir o pensamento teórico, herdado da Academia, com o pensamento prático. Tal vinculação do ideal ao prático desenvolvida por Aristóteles é o ponto central do presente trabalho, ou seja, a união entre o saber teórico e o saber prático no âmbito do direito privado, entre a ideia e a realidade. Para Aristóteles, o conhecimento teórico possibilita ao ser humano o juízo quanto a sua prática. Contudo, como analisado, o simples conhecimento teórico não leva à virtude, pois a virtude só se completa com a ação. As virtudes, dentre elas a justiça, como conhecimento, são apenas potenciais. Por outro lado, a ação virtuosa – assim como a ação justa –, sem o conhecimento teórico, não é suficiente, pois não está fundada na razão.

Assim, é possível concluir que Aristóteles, ao definir os sentidos da justiça, estava realizando um estudo no plano prescritivo determinando, dessa maneira, uma forma de justiça para uma comunidade em que todos são livres e iguais. Aristóteles deixa claro, ainda, que esta justiça ideal é possível à comunidade em que todos buscam a sua felicidade e o bem comum (a felicidade de todos). Contudo, não é a única maneira pela qual a justiça é implementada diante de uma realidade que não apresenta as condições ideais de liberdade e igualdade, havendo, nas comunidades reais, justiças metafóricas.

Como ensina Hannah Arendt, segundo o analisado no item 2.1.3.3, para Kant todo direito depende de leis e o justo natural, que é racional, como simples justiça comutativa, precisa ser validado pela mediação do jogo da lei positiva, assegurando a justiça distributiva de caráter público. Assim, o ideal racional não pode prescindir do exame do direito público nos termos kantianos. Conforme destacado, a relação entre o universal e o particular é algo que Kant aborda na sua Crítica do Juízo e, como bem salienta Hannah Arendt: "a faculdade do juízo lida com particulares que 'como tais, contêm algo contingente em relação ao universal', que é aquilo com que o pensamento normalmente está lidando".[328]

Pelas concepções do formalismo e do funcionalismo analisadas, foi possível constatar dois tipos de fundamentação possíveis da responsabilidade civil. O formalismo, de maneira ideal, fundamenta a responsabilidade civil, na esteira do direito privado como um todo, na forma das relações jurídicas de direito privado que se estabelecem entre duas pessoas. A causa formal defendida pelo formalismo estabelece um estudo da responsabilidade civil com base numa estrutura racional polarizada por um objetivo interno de reparação integral dos prejuízos em cada ato lesivo que preserva a dignidade e igualdade das pessoas. Para aclarar tal forma nas relações jurídicas de direito privado, o formalismo utiliza o sentido da justiça corretiva aristotélica e de elementos centrais da teoria de Kant sobre o direito.

Nesses termos, segundo o formalismo, o direito privado tem uma ideia sedimentada nas concepções de coerência, correlatividade e personalidade. Através dessas concepções, é possível a compreensão adequada das relações obrigacionais como relações entre pessoas (abstração vinculada à concepção de personalidade como capacidade intencional racional), legitimadas por direitos e deveres que estabelecem limites racionais entre os arbitríos (entre as liberdades) de maneira correlativa, em que o direito de um é o espelho do dever do outro através de uma estrutura coerente que tem por fim único a dignidade da pessoa humana e a consequente igualdade destas pessoas como dignidades.

Diferentemente, a outra concepção que fundamenta o direito privado na atualidade, aqui tratada como funcionalismo, entende que esse ramo do direito fornece instrumentos a serem utilizados para alcançar, principalmente, fins econômicos e sociais desejáveis numa dada realidade social. A responsabilidade civil serviria para estabelecer uma distribuição eficiente de custos de acidentes, ou para implementar uma socialização dos riscos no mercado de consumo. O funcionalismo, por conseguinte, sacrifica a estrutura formal própria das relações de responsabilidade e direciona-se a

---

[328] ARENDT, A vida..., p. 370.

objetivos (como punição, socialização de riscos ou distribuição de custos de acidentes) que a responsabilidade civil pode alcançar e, portanto, na utilidade que tal instituto pode ter numa dada sociedade.

Conforme já salientado, as realidades sociais contemporâneas apresentam graves restrições à igualdade e à dignidade dos indivíduos. Assim, nessas sociedades, o direito ideal, plenamente formalista, em algumas situações limites tem no direito positivo uma alteração através da introdução de elementos distributivos na busca da transformação da realidade.

Nesses termos, como referido na parte introdutória, os casos centrais são aqueles que determinam a estrutura ideal de um objeto, enquanto os casos periféricos são aqueles que determinam uma estrutura adulterada. A conclusão, por conseguinte, é que o direito privado ideal, baseado na forma corretiva/comutativa, configura o caso central do direito privado obrigacional. O direito privado positivado, entretanto, pode conter elementos distributivos, caracterizando um direito privado periférico e acidental.

Em que medida o direito privado de um determinado ordenamento está fundado no caso central formalista ou no caso periférico funcionalista depende da análise de cada ordenamento jurídico especificamente. Assim, foi estudada a responsabilidade pelo fato do produto ou do serviço disciplinada no Código de Defesa do Consumidor e no Código Civil a fim de desvendar se a forma comutativa é preservada, ou se os elementos distributivos, característicos do funcionalismo, são preponderantes.

Feito esse estudo, a conclusão a que se chegou é de que os fins e a forma da justiça comutativa foram preservados pela presença da análise da culpabilidade na sistemática consumeirista. De tal sorte, o Código de Defesa do Consumidor e o Código Civil, ao disciplinarem a responsabilidade pelo fato do produto e do serviço não optaram por fins e forma característicos da justiça distributiva.

A definição pelo fundamento da responsabilidade pelo fato do produto e do serviço centrada na justiça comutativa defendida pelo formalismo, ocorreu pela constatação de que a verificação do defeito do produto e do serviço não prescinde do exame da culpabilidade do fornecedor. A culpa em sentido estrito, como falta de cuidado, foi verificada através da constação da existência da exigência de um padrão de cuidado no grau máximo exigido de um profissional na fixação de deveres de segurança e informação, o que caracteriza a culpa levíssima. Contudo, como salientado, o consumidor não precisa comprovar a culpa do fornecedor para poder pleitear a responsabilização, pois há expressa determinação legal nesse sentido através do elemento normativo "independentemente da existência de culpa". Como, entretanto, há a possibilidade de o fornecedor afastar a sua responsabilidade quando comprovar que não faltou com o cuidado exigível segundo a melhor técnica existente, há a presença da culpa presumida.

Pelo analisado, a responsabilidade no caso em comento não é a centrada na teoria clássica da culpa – que tem um padrão de diligência médio, do homem racional comum. A responsabilidade por acidentes de consumo tampouco é baseada na teoria do risco decorrente da atividade, pois há a necessidade de análise do defeito como pressuposto da responsabilidade civil. Assim, a responsabilidade civil pelo fato do produto e do serviço no Código de Defesa do Consumidor é especial, fundada no defeito, o que, tecnicamente, determina a análise da culpa levíssima presumida.

Referências

AGOSTINHO. *O livre-arbítrio*. Tradução Nair de Assis Oliveira e rev. Honório Dalbosco. São Paulo: Paulus, 1995.

AQUINO, Tomás de. *Suma teológica*, II – II. Disponível em: http://www.hjg.com.ar/sumat. Acesso em: 01 mar. 2005.

ARENDT, Hannah. *A vida do espírito:* o pensar, o querer, o julgar. Rio de Janeiro: Relume Dumará, 2002.

ARISTÓTELES. *Categorias*. Tradução Ricardo Santos. Porto: Porto, 1995.

——. *Ética a Nicômaco*. Tradução, estudo bibliográfico e notas Edson Bini, Bauru, São Paulo, EDIPRO, 2002.

——. *Retórica*. Tradução Manuel Alexandre Júnior. Lisboa: Imprensa Nacional – Casa da Moeda, 1998.

ÁVILA, Humberto. *Teoria do princípios*: da definição à aplicação dos princípios jurídicos. São Paulo: Malheiros, 2005.

BARZOTTO, Luis Fernando. *A democracia na constituição*. São Leopoldo: Editora Unisinos, 2003.

——. *Justiça social:* gênese, estrutura e aplicação de um conceito. Disponível em: <http://www.presidencia.gov.br/ccivil_03/revista/rev_48/artigos/art_luis.htm> Acesso em: 20 out. 2005.

BENJAMIN, Antônio H. *Comentários ao Código de Defesa do Consumidor*. São Paulo: Saraiva, 1991.

BITTAR, Eduardo C. B. *Curso de filosofia Aristotélica*. Barueri, SP: Manole, 2003.

——. *A justiça em Aristóteles*. Rio de Janeiro: Forense Universitária, 2001.

BOSTOCK, David. *Aristotle's ethics*. New York: Oxford University, 2000.

BUSSANI, Mauro. *Peculiaridades da noção de culpa: um estudo de direito comparado*. Trad. Helena Saldanha, Porto Alegre: Livraria do Advogado, 2000.

CALABRESI, Guido. *The costs of accidents: a legal and economic analysis*. New Haven: Yale University Press, 1970.

CAMPBELL, Tom. *La justicia:* los principales debates contemporáneos. Tradução Silvina Álvarez. Barcelona: Gedisa, 2002.

CAVALIERI FILHO, Sérgio. *Programa de responsabilidade civil*. 5. ed. São Paulo: Malheiros, 2004.

——. Responsabilidade civil no Código de defesa do Consumidor. *Revista de Direito do Consumidor*, São Paulo, n. 48, out./dez. 2003.

COELHO, Fábio Ulhoa. *Manual de direito comercial*. 14. ed. São Paulo: Saraiva, 2003.
COLEMAN, Jules. *The grounds of welfare*. Public Law & Legal Theory Research Paper Series. N° 43, http://papers.ssrn.com/abstract=388460.
COULON, Fabiano Koff e MATTOS, Ely José de. O efeito distributivo da responsabilidade objetiva no Código de defesa do Consumidor brasileiro e as elasticidades da demanda: uma perspectiva de direito e economia. Berkeley Program in Law & Economics. Latin American and Caribbean Law and Economics Association (ALACDE) Annual Papers. Paper 060409-4. http://repositories.cdlib.org/bple/alacde/060409-4.
COUTO E SILVA, Clóvis V. *A obrigação como processo*. São Paulo: Bushatsky, 1976.
——. *Principes Fondamentaux de la responsabilité civile en droit brésilien et comparé*. Cours fait à la Faculyé de Droit et Aciences Politiques de St, Maur (Paris XII), 1988.
CRUZ, Sebastião. *Direito romano*. 4. ed. Coimbra: DisLivro, 1984. v. 1.
DENARI, Zelmo. Título. In: GRINOVER, Ada Pellegrini et al. *Código Brasileiro de Defesa do Consumidor comentado pelos autores do anteprojeto*. 8. ed. Rio de Janeiro: Forense Universitária, 2004.
DIAS, José de Aguiar. *Da responsabilidade civil*. 10ª ed. Rio de Janeiro: Forense, 1997, v. 1.
DWORKIN, Ronald. *O império do direito*. Tradução Jefferson Luiz Camargo. São Paulo: Martins Fontes, 1999.
FACCHINI NETO, Eugênio. Da responsabilidade civil no novo Código. In: SARLET, Ingo Wolfgang (org.). *O Novo Código Civil e a Constituição*. Porto Alegre, Livraria do Advogado, 2003.
FERREIRA DA SILVA, Luis Renato. *A teoria da causa sinalagmática como fonte de obrigações*. Data. Tese (Doutorado em Direito) Faculdade de Direito, Universidade de São Paulo.
FERREIRA DE ALMEIDA, Carlos. *Texto e enunciado na teoria do negócio jurídico*. Coimbra: Almedina, 1992. v. 1.
FINNIS, John. *Ley natural e derechos naturales*. Tradução e estudo preliminar Cristóbal Orrego S. Buenos Aires: Abeledo-Perrot, 2000.
FLETCHER, George P. The fault of not knowing. *Theoretical Inquiries in Law*, v. 3, n. 2, jul. 2002.
FRADERA, Véra Maria Jacob de. Conceito de Culpa. *Revista dos Tribunais*, n. 770, 88° ano, p. 117-122, dez. de 1999.
GADAMER, Hans-Georg. *El problema de la conciencia histórica*. Tradução Agustín Domingo Moratalla. 2. ed. Madrid: Tecnos, 2003.
GHERSI, Carlos Alberto. *Reparación de daños*. Buenos Aires: Ed. Universidad, 1989.
GIERKE, Otto Von. *La función social del derecho privado:* la naturaleza de las asociaciones humanas. Madrid: Sociedad Editorial Española, 1904.
GORDLEY, James. *Philosophical origins of modern contract*. New York: Claredon, 1991.
——. The moral foundations of private law. *The American Journal of Jurisprudence*, n. 47, v. 1, 2002.

——. The purpose of awarding restitutionary damages: a reply to Professor Weinrib. *Theoritical Inquires in Law*. V. 1, n. 1, jan-2000.

——. Tort law in the Aristotelian tradition. In: PHILOSOFICAL fundations of tort law. New York: Claredon, 2001.

HANSON. Jon D., HART. Melissa R. Law and economics. In: *A Companion to philosophy of law and legal theory*. Cambridge: Blackwell, 1996.

HART, Herbert. *O conceito de direito*. Tradução A. Ribeiro Mendes. 3. ed. Lisboa: Caulouste, 2001.

HEGEL, Georg Wilhelm Friedrich. *Introdução à história da filosofia*. In: HEGEL, Georg Wilhelm Friedrich. *Vida e obra*. São Paulo: Nova Cultural, 2005.

HERÁCLITO. Fragmento 44: In: BORNHEIM, Gerd A. (Org.) *Os filósofos pré-socráticos*. São Paulo: Cultrix, 2000.

HUME, David. *Uma investigação sobre os princípios da moral*. Tradução José Oscar de Almeida Marques. Campinas, SP: UNICAMP, 1995.

JAEGER, Werner. *Aristóteles*. México, D.F.: Fondo de Cultura Económica, 2001.

——. *Paidéia*: a formação do homem grego. Tradução Artur M. Parreira. 4. ed. São Paulo: Martins Fontes, 2001.

KANT, Immanuel. *Crítica da razão prática*. Tradução Valério Rohden. São Paulo: Martins Fontes, 2003.

——. *Derecho de obligaciones*. Tradução Jaime Santos Briz. Madrid: Revista de Derecho Privado: Madri, 1958. v. 1.

——. *Fundamentação da metafísica dos costumes*. Tradução Paulo Quintela. Lisboa: Ediçoes 70, 1960.

——. *Groundwork of the metaphysic of morals*: in focus. New York: Routledge, 2002.

——. *La metafísica de las costumbres*: estudio preliminar de Adela Cortina Orts, Traducción y notas de Adela Cortina Orts y Jesus Conill Sancho. 3ª ed. Madrid: Tecnos, 2002.

KELSEN, Hans. *O que é justiça?* 3. ed. São Paulo: Martins Fontes, 2001.

LE GAC-PECH, Sophie. *La proporcionnalité en droit privé des contrats*. Paris: E.JÁ, 2000.

LIMA, Alvino. *Culpa e Risco*. 2ª ed., rev. e atual. pelo Prof. Ovídio Rocha Barros Sandoval, São Paulo: Revista dos Tribunais, 1999.

LOPES, José Reinaldo de Lima. O aspecto distributivo do direito do consumidor. *Revista do Direito do Consumidor*, São Paulo, v. 41, p. 147-150, jan./mar de 2002.

LORENZETTI, Ricardo Luis. La responsabilidad civil. *Revista de Direito do Consumidor*, São Paulo, p. 41-76, abril./jun. 2003.

LUDWIG, Marcos de C. O direito ao livre desenvolvimento da personalidade na Alemanha e possibilidades de sua aplicação no direito privado brasileiro. In: MARTINS-COSTA, Judith (Org.) *A reconstrução do direito privado*. São Paulo: Revista dos Tribunais, 2002.

MACEDO JÚNIOR, Ronaldo Porto. Mudanças dos contratos no âmbito do direito social. *Revista de Direito do Consumidor*, n. 25, pp. 99-115, janeiro/março, 1998.

——. *Contratos Relacionais e Defesa do Consumidor*. 2ª ed. São Paulo: Revista dos Tribunais, 2007.

MACINTYRE, Alasdair. *Depois da virtude*. Tradução Jussara Simões. Bauru, São Paulo: EDUSC, 2001.

——. *Justiça de quem?* Qual a racionalidade. 2.ed. São Paulo: Loyola, 2001.

MARINS, James. *Responsabilidade da empresa pelo fato do produto*: os acidentes de consumo no Código de proteção e defesa do Consumidor. São Paulo: Revista dos Tribunais, 1993.

——. *Responsabilidade da empresa pelo fato do produto*: os acidentes de consumo no Código de proteção e defesa do Consumidor. São Paulo: Revista dos Tribunais, 1993.

MARQUES, Cláudia Lima. *Contratos no Código de Defesa do Consumidor:* o novo regime das relações contratuais. 4. ed. rev., atual. e ampl. São Paulo: Revista dos Tribunais, 2002.

MARTINS-COSTA, Judith. *Comentários ao novo código civil*. Do inadimplemento das obrigações. Vol. V, Tom. II, Rio de Janeiro: Forense, 2003.

MAZEAUD, Henri; MAZEAUD, León; TUNC, André. *Tratado teórico y prático de la responsabilidad civil delictual y contractual*. Traducción Luis A. Castillo, Buenos Aires: Ediciones Jurídicas Europa-América,1977. t. 2, v. 2.

MICHELON JÚNIOR, Cláudio. Um ensaio sobre a autoridade da razão. *Revista da Faculdade de Direito da Universidade Federal do Rio Grande do Sul*, Porto Alegre, v. 21, mar. 2002.

MORAES, Maria Cecília B. Punitive damages em sistemas civilistas. *Revista Trimestral de Direito Civil*, São Paulo,v. 18, p. 45-48, abr./jun. de 2004.

NUNES, Luiz Antonio Rizatto. *Curso de direito do consumidor*. São Paulo: Saraiva, 2004.

PASQUALOTTO, Adalberto. Proteção contra produto defeituosos: das origens ao MERCOSUL. *Revista da Faculdade de Direito da UFRGS*. Vol. 20, Out./2001, Porto Alegre, p. 07-36.

PEREIRA, Caio Mario da Silva. *Responsabilidade civil*. 8. ed. Rio de Janeiro: Forense, 1988.

PLATÃO. *As leis*. Tradução Edson Bini. Bauru, SP: EDIPRO, 1999.

PONTES DE MIRANDA. *Tratado de direito privado*. 3. ed. Rio de Janeiro, 1972. v. 53: Parte Especial.

POSNER. Richard A. *Economic analysis of law*. 2. ed. Boston: Little Brown, 1977.

——. *Overcoming law*. Cambrigde, Mass., Harvard University, 1995.

——. *Wealth maximization and tort law:* a philosophical inquiry. In: PHILOSOPHICAL foundations of tort law. New York:: Oxford Press, 2001.

RAWLS, John. *Lectures on the history of moral philosophy*. Cambridge, Londres: Havard University, 2003.

——. *Uma teoria da justiça*, Tradução Almiro Pisetta e Lenita M. R. Esteves. São Paulo: Martins Fontes, 1997.

REALE, Giovanni. *Ensaio introdutório*: metafísica de Aristóteles. Tradução Marcelo Perine. São Paulo: Loyola, 2001.

——. *Introdução à Aristóteles*. Tradução Artur Morão. Lisboa: Edições 70, 1997.

SANDEL, Michel. *El liberalismo e los límitas de la justicia*. Traducción María Luz Melon. Barcelona: Gedisa, Barcelona, 2000.

SANSEVERINO, Paulo de Tarso. Responsabilidade civil no código do consumidor e a defesa do fornecedor. São Paulo: Saraiva, 2002.

SEN, Amartya. *Sobre ética e economia*. Tradução Laura Teixeira Motta e revisão de Ricardo Doninelli Mendes. São Paulo: Companhia das Letras, 1999.

SERPA LOPES. *Curso de direito civil*. 5. ed. Rio de Janeiro: Freitas Bastos, 1989. v. 2.

SERRA VIEIRA, Patrícia Ribeiro. *A responsabilidade civil objetiva no direito de danos*. Rio de Janeiro: Forense, 2005.

SILVA, João Calvão da. *Responsabildiade civil do produtor*. Coimbra: Almedina, 1990.

SILVEIRA, Denis Coitinho. *Os sentidos da justiça em Aristóteles*. Porto Alegre, EDIPUCRS, 2001.

TAYLOR, Charles. *As fontes do self:* a construção da identidade moderna. Tradução Adail Ubirajara Sobral e Dinah de Abreu Azevedo. São Paulo: Loyola, 1997.

——. Propósitos entrelaçados: o debate liberal-comunitário. In: *Argumentos filosóficos*. São Paulo: Loyola, 2000.

TERNAY, Henry. Uma leitura da filosofia do direito de Kant a partir da crítica da faculdade de julgar. *Cadernos do Departamento de Filosofia da PUC*, Rio de Janeiro, n. 9, p. 28-39, out. 1995.

TERRA, Ricardo Robeiro. A distinção entre direito e ética na filosofia kantiana. In: *Filosofia e política* 4. Porto Alegre: L&PM, 1987. p. 49-65.

TUGENDHAT, Ernest. *Lições de ética*. Petrópolis, RJ: Vozes, 1996.

UNGER, Roberto Mangabeira. The critical legal studies movement. *Havard Law Review*, vol. 96, n. 3, jan. 1983, p. 563-575.

VILLEY, Michel. *Filosofia do direito:* definições e fins do direito – os meios do direito. Tradução Márcia Valéria Martinez de Aguiar. São Paulo: Martins Fontes, 2003.

WALZER, Michael. *Esferas da justiça*: uma defesa do pluralisno e da igualdade. Tradução Jussara Simões. São Paulo: Martins Fontes, 2003.

WEINRIB, Ernest J. Correlativity, personality, and the emerging consensus on corrective justice. *Theoretical Inquiries in Law*, v. 2, n. 1, jan. 2001. article 4.

——. *The idea of private law*. Havard Cambridge: University Press, 1995.

——. Punishment and disgorgement as contract remedies. *Theoretical Inquiries in Law*, v. 2, n. 1, jan. 2001. article 4.

——. Restitutinary damages as corrective justice. *Theoretical Inquiries in Law*, v. 1, n. 1, jan. 2000. article 2.

WOLFF, Francis. *Aristóteles e a política*. Tradução Tereza Christina Ferreira Stummer e Lygia Araujo Watanabe. 2. ed. São Paulo: Discurso Editorial, 2001.

WRIGHT, Richard W. The principles of justice. *Notre Dame Law Review*, v. 75, n. 1859, aug. 2000.

——. Right, justice and tort law. In: *Philosophical Foundations of Tort Law*. Oxford: Oxford University, 2001.

——. The standards of care in negligence law. In: *Philosophical foundations of tort law*. New York: Oxford University, 2001.

ZANITELLI, Leandro Martins. Responsabilidade civil objetiva no Brasil: uma crítica às explicações habituais. *Revista Trimestral de Direito Civil*, v. 20, p. 211-231, out./dez. 2004.

Impressão:
Evangraf
Rua Waldomiro Schapke, 77 - P. Alegre, RS
Fone: (51) 3336.2466 - Fax: (51) 3336.0422
E-mail: evangraf.adm@terra.com.br